외국인을 위한 대학 글쓰기

# 외국인을 위한 대학 글쓰기

**초판 1쇄 발행** 2023년 2월 28일
**초판 2쇄 발행** 2025년 1월 24일

**지은이** 차봉준·김은정·박정순·윤선희·최동일
**펴낸이** 박찬익
**편집장** 권효진
**편집** 정미선   **일러스트** 박용훈
**펴낸곳** ㈜박이정 **주소** 경기도 하남시 조정대로45 미사센텀비즈 8층 F827호
**전화** 031)792-1195 **팩스** 02)928-4683 **홈페이지** www.pijbook.com
**이메일** pijbook@naver.com **등록** 2014년 8월 22일 제2020-000029호

ISBN 979-11-5848-863-5 (03710)
책값 20,000원

# 외국인을 위한
# 대학 글쓰기

차봉준·김은정·박정순·윤선희·최동일 지음

박이정

# 머리말

　『외국인을 위한 대학 글쓰기』는 국내 대학에 입학한 외국인 유학생을 위한 학술적 글쓰기의 입문서다. 2000년대 이후부터 현재까지 외국인 유학생 입학은 꾸준한 증가 추세를 유지하고 있다. 그리고 이러한 현상은 코로나 상황에도 불구하고 변함없이 유지되었다.

　외국인 유학생의 증가와 비례하여 이들의 다수가 호소하는 고충의 하나가 부족한 한국어 실력으로 인한 학습적응의 어려움이다. 특히 학문 목적 한국어 교육과정을 체계적으로 이수하지 못한 채 전공교육 과정에 진입함으로써 겪게 되는 학습의 어려움은 이만저만이 아니다. 한국인 대학생의 경우에도 학술적 글쓰기에 관한 어려움을 호소하는 사례가 적지 않다는 사실을 염두에 둔다면, 모국어 학습자가 아닌 외국인 유학생이 직면하는 학술적 글쓰기의 벽은 간단치 않다. 이와 같은 문제들에 착안하여 외국인 유학생들에게 필요한 대학 글쓰기의 핵심적인 개념과 방법들을 알기 쉽게 설명하고, 단계적인 학습을 통해 한 편의 글을 완성해 갈 수 있는 능력을 기르는 것을 목표로 본 교재를 기획하였다.

　『외국인을 위한 대학 글쓰기』는 총 3부 8장으로 구성되어 있다. 제1부는 대학 글쓰기의 기초적인 이해를 돕기 위해 외국인 대학생이 알아두면 좋은 글쓰기의 기본적인 개념과 목표를 소개하고, 대학 글쓰기의 기본이 되는 문어체에 대해 구체적으로 설명하였다. 제2부는 요약하기, 개요 쓰기, 문단 쓰기로 구성되어 있으며 이는 대학 글쓰기의 기본적인 능력을 키우기 위한 준비 과정을 돕는다. 마지막 제3부는 설명하는 글, 분석하는 글, 주장하는 글의 구조와 특징을 이해하고 실제 글쓰기 활동을 통해 쓰기 연습을 할 수 있도록 구성되었다.

한편, 이 교재는 외국인을 위한 대학 글쓰기의 기초 교재로 사용할 수 있도록 각 장을 학습 전 활동과 학습 내용, 그리고 학습 후 활동으로 나누어 학습과 수행이 유기적으로 이루어질 수 있도록 구성한 것이 장점이다. 먼저 <읽고 배우기>와 <읽고 생각하기>를 통해 앞으로 학습할 내용을 미리 확인할 수 있게 하였다. 다음으로 <알아보기>와 <연습하기>를 통해 각 장의 학습 내용과 관련된 글쓰기 목표에 도달하도록 과정을 제시하였다. 마지막으로 학습한 내용을 활용하여 <글쓰기>의 과제를 수행함으로써 실제적인 대학 글쓰기 능력을 기를 수 있도록 하였다. 각 장의 끝에 마련된 <바르게 쓰기>에서는 심화한 내용으로서의 대학 글쓰기에 필요한 문법 지식을 확인할 수 있으며, 이어진 <더 알아보기>에서는 대학 글쓰기에 도움이 되는 정보를 얻을 수 있도록 배려하였다. 특히 제3부의 경우, 해당 장의 학습 목표에 적합한 예시 글을 수록하고 있다.

나아질 기미가 보이지 않는 출판계의 어려움 속에서도 이 교재의 발간을 흔쾌히 수락하고, 각종 저작권 문제 해결과 제작에 힘써 주신 박이정 출판사 여러분께 깊은 감사의 마음을 전한다. 모쪼록 이 교재가 한국에서의 대학 생활을 시작하는 외국인 학습자들에게 첫 번째 난관을 극복하는 유용한 지침서가 되길 기대해 본다.

2023년 2월
저자 일동

# 교재 구성

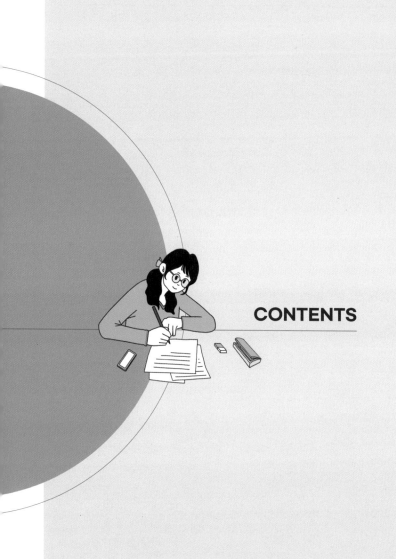

# CONTENTS

# 1

# 글쓰기의 **이해**

# 1장

# 대학 글쓰기의 의미

대학 글쓰기의 의미를 이해한다.
대학에서 사용하는 글쓰기의 종류와 형식을 안다.

1. 대학에서 글쓰기는 왜 필요합니까?

2. 대학 글쓰기에는 어떤 것이 있습니까?

## 대학 글쓰기란 무엇인가?

넓은 의미에서 대학 글쓰기는 '대학에서 쓰는 글'과 '대학생이 쓰는 글'이라는 두 가지 의미를 가진다. 이때 대학에서 쓰는 글은 대학에서 학업을 지속하기 위해 작성하는 글이라고 할 수 있다. 예를 들어 수업시간에 교수님이 설명한 내용을 듣고 받아 쓰는 필기하기나 전공 서적을 읽고 중요한 부분을 간추려서 적는 요약하기도 대학 글쓰기의 한 종류이다. 이 과정에서 대학 글쓰기는 자신이 배운 내용을 기억하기 위한 기록이 되기도 하고, 새로운 지식이나 생각을 글로 남겨 두어 학업에 사용할 수 있는 자료가 되기도 한다.

한편, 대학 글쓰기의 다른 의미는 '대학생이 쓰는 글'이다. 여기서 '대학생'이라 함은 곧 대학교에서 배우는 수준의 지식이 있는 사람, 폭넓은 사고 과정과 올바른 가치관을 갖춘 사람을 의미한다. 그러므로 '대학생이 쓰는 글'은 곧 대학생 수준의 지식을 가진 사람이 쓰는 글, 혹은 대학생 수준의 생각을 담은 글이라고 할 수 있다.

결국 대학 글쓰기는 학업 과정에서 배운 지식을 글쓰기를 통해 정리하여 자기만의 지식 체계로 표현하는 글쓰기, 하나의 주제에 대해 체계적인 사고 과정을 통해 분석하는 글쓰기, 올바른 가치관을 통해 세계를 비판하는 글쓰기이다.

대학 글쓰기는 앞서 언급한 대학 학업의 과정에서 쓰는 대학생의 글이라는 것 외에 '학문적 가치'가 더해져야 한다. 여기서 '학문적 가치'란 대학 글쓰기를 통해서 다른 학생 또는 교수자와 학문적으로 의미 있는 소통을 할 수 있다는 뜻이다. 즉 자신이 쓴 글이 새로 배운 지식과 새로 깨닫는 생각을 담고 있어야 하고, 이러한 지식과 생각이 글을 통해 다른 사람에게 전달되어 학문의 발전을 가능하게 할 수 있어야 한다는 뜻이다. 이는 대학 글쓰기가 학문적으로 다른 사람과 소통할 만한 내용과 가치를 담은 글이어야 함을 의미한다.

대학 글쓰기의 학문적 가치는 그 내용뿐만 아니라 표현과 형식에서도 나타나야 한다. 대학교에서 학문적 소통을 위해 작성하는 모든 글에는 일정한 양식이 있다. 예를 들면 전공마다 정해진 표현법과 어휘가 있으므로 정확한 어휘의 표현법을 잘 알고 글을 작성해야 한다. 또 글의 목적과 성격에 따라서 어울리는 형식이 있으므로 이를 잘 지켜서 글을 구성해야 한다. 이렇듯 대학 글쓰기는 전공이나 글의 목적에 적합한 양식을 지켜서 작성해야만 학문적으로 가치 있는 글이 되며, 글을 통해 의미 있는 소통을 할 수 있다.

대학 글쓰기는 학문적 자기표현이다. 대학 생활 가운데 작성하는 글쓰기는 대학에서 배운 지식을 객관적인 시각으로 다른 사람에게 설명하거나 비판적인 사고를 바탕으로 다양한 학술적 내용을 논증하기 위한 목적으로 수행된다. 이 과정에서 대학 글쓰기는 새로운 지식과 생각을 독자, 혹은 청중에게 전달하기에 가장 효과적인 글의 구조와 형식을 고민하는 과정이 포함된다. 그러므로 대학 글쓰기는 학문적으로 적합한 표현 방법을 찾아 자신의 주장을 논리적으로 전개하는 데에 도움이 된다.

대학에서 글을 쓰는 궁극적인 목표는 '글을 통한 학문적 소통'이다. 대학 글쓰기는 학문하는 사람들과의 지적 교류와 발전에 기여한다. 따라서 대학 글쓰기의 과정에는 자신의 학문적 성과를 효과적으로 전달하기 위한 표현 방법과 함께 다른 사람을 이해하는 방법의 모색이 포함되어 있다. 동시에 사고 체계를 객관화함으로써 이해와 수용 능력이 향상되고 서로 다른 입장과 가치관을 비교하고 비판하는 과정에서 논리적인 사고 능력도 발달한다. 다시 말하면 대학 글쓰기는 논리적으로 표현하고 객관적으로 사고하며 비판적으로 수용하는 학문적 의사소통의 핵심적인 능력이라고 할 수 있다.

## 학업 도구로서의 대학 글쓰기

기능적인 의미에서의 대학 글쓰기는 '학업을 위한 도구로서의 글쓰기'라고 정의할 수 있다. 대학에 입학한 후 졸업할 때까지 학업을 수행하는 과정에서 학생들은 수많은 글을 쓰게 되는데 이때 작성하는 글은 종류와 형식에 상관없이 모두 대학 글쓰기에 포함된다. 예를 들어 학생들은 학업의 과정에서 배운 것을 기억하고 자기의 생각을 요약·정리하기 위해서 스스로 글을 작성하고, 수업시간에 교수님의 설명이나 학습 동료의 발표를 듣고 받아 적는다. 또 교양서적이나 전문 서적을 읽고 서평을 작성하는 과정에서 읽은 글을 요약하기도 한다. 교재나 관련 도서를 읽고 중요한 부분을 요약하는 것은 모두 학업을 위한 도구로서의 글쓰기이다.

대학에서 교수들이 학생들에게 직접적으로 요구하는 글은 대부분 지식의 성취 정도를 평가하는 도구로서의 '과제'이거나 성적을 평가하는 '시험 답안'이다. 전공이나 교양 수업 시간에 주어진 주제에 대해 작성하는 과제물, 수업시간에 진행되는 간단한 퀴즈에 정답을 쓰는 일, 또는 학기의 중간이나 마지막에 치러야 하는 중간고사나 기말고사에서 서술형 시험의 답안을 작성하는 일도 마찬가지로 학업을 위한 도구로서의 글쓰기이다.

* '표절의 의미'와 '표절의 경우'에 대하여 서술하고, 표절의 대상과 표절을 피하는 방법에 대하여 예를 들어 설명하라.

-답

1) 표절의 의미 : 표절은 나의 생각이 아닌 다른 사람의 개념이나 생각, 어휘나 표현 등을 인용 표시를 하지 않고 자기 것처럼 끌어다 쓰는 것을 말한다. 일반적으로 말하는 표절은 글쓴이가 의도하고 다른 사람의 글을 인용한 것을 말하지만, 의도하지 않고 이루어지거나 실수로 행해진 '우연한 표절'도 역시 표절에 해당한다.

2) 표절의 경우 : 표절에 해당하는 경우로는 먼저, 인용한 내용 및 표현을 출처 표기를 하지 않고 자기의 글로 발표하는 경우, 다음으로 다른 사람의 아이디어를 바탕으로 결과물을 작성한 경우, 그리고 타인의 글에 나타난 중요한 개념이나 전문 어휘 혹은 용어에 대한 정의를 출처를 표시하지 않고 그대로 사용한 경우, 마지막으로 다른 사람이 기존에 언급한 말을 편집하거나 또는 표현을 바꿔 자신의 것으로 서술한 경우 등이 있다.

3) 표절의 대상 : 표절의 대상과 범주는 매우 넓다. 예를 들어 그림이나 아이콘, 자료를 분석한 데이터 통계, 데이터베이스를 활용한 그래프, 수치 자료를 응용한 통계표나 시각자료, 건축물에 사용된 도안 등 기초 자료와 이를 바탕으로 하는 자료가 모두 표절의 대상이 된다. 또한 유명인의 인터뷰에서 사용된 표현, 업무 관계로 회의 중에 제시된 의견, 인터넷에서 얻은 정보 등도 경우에 따라서는 표절의 대상이 될 수 있다.

4) 표절을 피하는 방법 : 표절을 피하기 위해서는 정직성과 성실성이 필요하다. 글을 쓰면서 자료를 활용할 때는 글이나 자료를 읽으며 꼼꼼히 출처 필기하기, 자료 조사의 원칙 준수하기, 인터넷 자료의 출처를 명확하게 표시하기 등에 신경을 써야 한다.

보고서(report)는 대학에서 학습자를 평가하기 위해 요구하는 대표적인 글쓰기이다. 대학에서는 대부분 학기의 중간이나 종료 시점에 학업 성과를 평가하기 위해 보고서를 제출한다. 이때 보고서는 책을 읽고 요약하기, 일정한 주제에 대해 조사하고 설명하기, 사회적 문제에 대해 비판하기 등 다양하게 제시된다. 이공 계열의 경우에는 전공 수업과 관련된 실험 보고서 형태가 될 수도 있다. 이 외에 조별 연구나 토론을 위해 준비하는 글, 발표를 위해 만든 프리젠테이션 자료 등도 모두 학업을 위한 도구로서의 대학 글쓰기에 속한다.

　　민중문화의 기원은 조선 후기의 한글 문학작품, 풍물(농악), 탈춤, 민화, 민요, 판소리 등에서 그 뿌리를 확인할 수 있다. 한국의 민중문화는 조선 후기 근대의 맹아라고 할 수 있는 실학에서도 그 기원을 찾을 수 있다. 민중문화는 실학사상에 기반한 근대문화가 형성되는 과정에서 정립된 것으로서, 한국 근현대의 발전과정에서 상당히 오랜 기간 형성되어 온 전통문화이며 한국을 상징하는 대표적 한국문화의 일부로 간주할 수 있다. 이렇듯 민중문화는 한국문화의 핵심으로서 현재에도 이어지고 있으며, 한국문학과 문화, 그리고 한국어를 비롯하여 역사와 사상, 종교와 철학 등 전반에서 다양한 대중적인 문화로 확산되어 있고, 여전히 변화하는 동시에 전통을 유지하고 있다는 점에서 역동성을 가진다.

### 휴보이즘, 입는 로봇의 미래

　　이 책은 KAIST뿐만 아니라 대한민국이 가장 자랑스러워하는 인간형 로봇 '휴보'의 탄생과정과 그 안에 담고 싶었던 한국의 로봇기술, 그리고 과학자의 자부심에 대해 이야기한다. 또, 로봇이 사람을 닮아야 하는 진짜 이유가 강한 군사력이나 의학기술의 발전을 위한 도구가 아니라 인간과 함께 살아가는 진정한 친구가 되기 위해서라는 것을 강조한다.

　　이 책을 읽으면서 들었던 가장 큰 의문은 '왜 동일한 과학기술이 어떨 때는 사람을 살리기도 하고 어떨 때는 사람을 죽이기도 하는 걸까?'였다. 책에서 저자는 "'입으면 힘이 세진다'는 조건은 군사용 로봇으로 큰 가치가 있다는 의미다. 물론 이런 입는 로봇을 군사용으로만 쓰란 법은 없다. 주목받는 것이 '환자용 로봇이다.'"[1]라고 하면서 이제 로봇은 의학기술 분야에서 새로 주목받는 장르가 될 것이라고 말한다.

1) 전승민, 『휴보이즘』, MID, 2014, p.100.

　　대학 4학년이 되면 학과에 따라서 논문을 써야 졸업을 하는 경우도 있는데 이때 작성하는 논문은 대학 글쓰기 중에서 가장 핵심적인 학업 도구로서의 글쓰기이다. 졸업논문이나 소논문은 대학 4년간의 학문수행의 결과를 총합하는 지적인 글인 동시에 비판적인 사고와 논리적인 표현력이 필요한 대학 글쓰기의 꽃이다.

본 연구는 산업화와 도시화로 대표되는 현대 자본주의 경제구조가 초래한 환경문제, 다른 표현을 빌리자면 '집'의 파괴에 대한 문제의 심각성을 생태학적 관점에서 진단하고, 이를 한국의 현대소설에서 다루고 있는 하나의 방식을 정찬의 소설을 통해 접근해 보고자 한다.

– 차봉준, 「정찬 소설의 생태학적 상상력 연구」, 『문학과 환경학회』(17권3호)

## 1 이 글의 설명으로 맞는 것은 무엇입니까?

① 대학에서는 학생들에게 글쓰기를 요구하지 않는다.

② 대학 글쓰기는 일기나 수필을 쓸 때 필요한 능력이다.

③ 대학 글쓰기는 대학교를 졸업할 때 쓰는 논문만을 의미한다.

④ 대학 글쓰기는 학업 수행의 정도를 평가하는 도구로서의 글쓰기이다.

## 2 다음 중에서 대학 글쓰기의 기능이 아닌 것은 무엇입니까?

① 학업을 위한 도구로서의 글쓰기

② 학업 성취를 평가하는 도구로서의 글쓰기

③ 학문수행의 결과를 총합하는 지적인 글쓰기

④ 다른 사람들과 문학작품을 감상하고 소통하는 글쓰기

## 대학 글쓰기의 목적과 종류

　대학에서의 글쓰기는 글의 주제나 목적에 따라서 그 기능과 종류가 나뉜다. 또 대학에서의 글쓰기는 설명문인가, 논설문인가, 또는 발표문인가에 따라서 글의 구조와 문장의 형태도 달라진다. 그러므로 대학 글쓰기를 시작할 때 가장 먼저 생각해야 할 것은 '글의 목적'이다. 글의 목적을 정확하게 알아야 글이 어떤 기능을 하도록 쓸 것인지 미리 생각할 수 있기 때문이다.

　글의 기능은 글을 쓰는 사람과 글을 읽는 사람 사이를 이어주는 글의 효과적인 쓰임새를 의미한다. 예를 들어 글을 쓰는 목적이 시험을 치르고 좋은 성적을 받기 위한 것이라면 글의 기능은 내가 알고 있는 것을 교수에게 간결하게 설명하고 내가 성실하게 공부했다는 것을 인식시키는 것이다. 또, 글을 쓰는 목적이 의견을 주장하는 것이라면 글의 기능은 다른 사람에게 내 생각이 옳다는 것을 합리적으로 알리는 것이다.

　글의 기능은 글의 종류와 형태에 영향을 끼친다. 글의 기능을 잘 살리려면 그에 맞는 글의 종류가 선택되고 형태를 갖추어야 하기 때문이다. 대학에서 자주 사용하는 글에는 크게 설명문, 논설문, 발표문 등이 있는데, 논설문은 주장하는 바를 뒷받침할 수 있는 객관적인 자료를 제시하는 예시의 문단이 포함되어야 한다. 또 설명하는 글은 새로운 어휘나 개념 등을 자세하고 쉽게 풀어서 독자가 이해할 수 있도록 비유나 비교의 문단이 필요하다.

글의 형태는 글을 쓰는 상황에 따라서도 달라진다. 글을 쓰는 상황은 글을 실현하는 상황이라고 생각하면 되는데 대표적으로 문장의 형태나 문체, 종결어미의 생김새 등과 같은 형태에 영향을 준다. 예를 들어 자기소개서, 발표문, 기획안 등은 모두 일종의 설명문이지만 글을 실현하는 상황이 다르기 때문에 문장의 형태도 달라져야 한다. '자기소개서'나 '발표문'은 독자가 직접 듣고 있는 상황을 생각하면서 글을 쓰기 때문에 문장에 주어가 있고 특히 '저'나 '저희'처럼 겸양의 태도를 드러낸다. 그리고 문장의 끝은 '-습니다' 또는 '-입니다'로 마무리한다. 마치 보이지 않는 독자를 향해 자기를 소개하거나 주제를 설명하는 상황에서의 말하기처럼 글을 써야 하기 때문이다.

대학 글쓰기 중에는 기능에 따라 특별한 형태를 가지는 것들이 있다. 예를 들어 시험을 치를 때 작성하는 답안지, 새로운 아이디어나 기획을 사업 등에 접목하기 위해 쓰는 '-기획서'나 '-제안서', 프레젠테이션 문서나 회의록 등이다. 이들은 사실을 과장하거나 두루뭉술한 표현을 지양하고 단순하고 명료하게 제시해야 한다. 또 문장 안에서 독자를 상상하지 않고 글을 쓰는 사람도 드러내지 않는다. 그러므로 이들 글의 형태적 특징은 문장의 길이가 짧으며 문장에 주어가 없고, 중요한 내용을 핵심적인 어휘로 요약한다는 것이다. 문장의 끝을 명사형으로 줄여서 '-음', '-함'의 형태로 쓰거나, 또는 문장을 명사로 끝낸다.

이처럼 글은 목적이나 기능뿐만 아니라 글을 쓰는 사람과 독자와의 관계, 글과 독자와의 거리, 그리고 글이 소통되는 방식에 따라서도 다양한 형태로 나타난다.

## 대학 글쓰기를 위해 필요한 능력

대학에서의 글쓰기를 위해서는 객관적인 자료 수집, 논리적 전개, 응집력 있는 구성 능력이 필요하다. 또 글쓰기를 위해서 사실적이고 올바른 정보를 구별하고 텍스트에서 중요한 정보를 산출하고 요약하는 과정에 익숙해져야 한다.

대학생들에게 보고서를 쓰게 하는 이유는 학생 스스로 주제를 연구할 수 있는 능력을 기르는 데에 있다. 이과 대학생들은 전공과목에 포함된 실험이나 실습 과정에서 실험보고서를 작성해야 하는데, 일반적인 보고서와 달리 실험보고서는 주된 형식과 문장 구조를 정확하게 이해한 후에 글을 써야 하므로 좀 더 세심한 공부가 필요하다. 또, 대학에서의 시험은 학년을 마치기 위한 매우 중요한 과정이기 때문에 질문의 의도를 이해하고, 교수자가 원하는 내용을 절차에 맞게 쓰는 것이 중요하다. 이때 시험 답안은 내가 알고 있는 내용을 빠뜨리지 않고 잘 전달하면서도 간략하고 논리적으로 구성할 수 있어야 한다. 예를 들어 학생은 리포트나 실험보고서, 혹은 시험 답안지 등을 통해서 자신이 알고 있는 것을 교수자에게 적극적으로 전달함으로써 긍정적인 평가를 받을 수 있다.

학업을 진행하면서 한 학기에 한두 번씩은 '발표'를 하게 되는데 이는 글을 매개로 하는 학업 목적의 대표적인 의사소통이다. 이때 발표를 준비하기 위해 쓰는 발표문과 프레젠테이션 화면 속의 글도 '글을 통한 소통'을 위한 매개체이다. 발표문을 작성할 때에는 주제와 목적에 맞는 내용을 구성하는 능력뿐만 아니라 발표문의 문장 형식, 발표 자료 구성 방법, 발표 후 질문에 응할 자료와 올바른 태도까지 함께 준비해야 한다. 발표자가 전달하고자 하는 내용을 듣는 사람이 잘 이해하도록 하기 위해서는 발표문이 명시적인 어휘를 통해 간단하고 명료하게 작성되어야 하며, 구체적이고 실제적인 예를 통해서 발표 주제를 뒷받침할 수 있어야 한다.

**1　대학 글쓰기의 목적**

사고능력 향상, 지식의 구조화, 글을 통한 소통과 자기 표현

**2　대학 글쓰기의 종류**

다양한 형식의 보고서, 발표문 및 발표 자료, 시험 답안 등

**3　대학 글쓰기에 필요한 능력**

글 구성 능력, 자료 수집 능력, 논리적 전개 능력

보고서의 특정 형식과 문장 구조에 대한 이해

시험 답안을 간략하고 논리적으로 작성하는 능력

발표를 위한 내용 구성 및 자료 수집 능력과 올바른 발표 태도

## 새 단어

간략하다

간주하다

간추리다

객관적

구체적

궁극적

긍정적

논리적

논증하다

동일하다

뒷받침하다

매개

명료하다

민중문화

방해하다

비판적

사고하다

사실적

서술하다

성실성

세심하다

수행하다

실제적

올바르다

요구하다

요소

요약하다

인용

적극적

적용하다

적절하다

전개하다

평가하다

표현력

필기하다

학업

핵심

향상시키다

형성되다

효과적

# 문장성분

　주어, 서술어, 목적어 등과 같이 문장의 한 부분을 구성하는 요소이다. 한국어의 문장성분은 문장을 구성하는 필수 성분인 주어, 서술어, 목적어, 보어와 문장의 필수 성분을 꾸며 주거나 한정하는 기능을 하는 부속 성분으로서 관형어, 부사어, 독립어가 있다. 문장성분은 주로 명사에 조사가 덧붙어 있거나 동사나 형용사에 어미가 덧붙어 있는 형태로 나타난다. 문장성분 중에서 독립어는 다른 문장성분과 달리 감탄을 나타내는 소리나 의미 없는 음절이 연이어 붙은 형태로 나타나기도 한다. 문장을 쓸 때 문장성분을 지나치게 생략하면 의미가 불분명해지므로 글을 쓸 때는 문장성분이 서로 호응하는지 확인해야 한다.

## 1　필수 성분

　문장을 구성하는 주요 성분으로 문장을 쓸 때 필수 성분이 생략되면 문장의 완성도가 떨어지고 의미가 모호한 문장이 된다.

1) 주어 : 문장의 주요 성분의 하나로, 주로 문장의 앞에 나와서 동작이나 상태의 주체가 되는 말이다.

　　<u>한국어는</u> 아름답고 배우기 쉬운 언어이다.

2) 서술어 : 문장에서 주어의 성질이나 상태, 또는 동작을 나타내는 말이다.

　　외국인 유학생들은 생활비가 많이 <u>필요하다.</u>

3) 목적어 : 문장에서 서술어의 대상이 되는 말이다. 타동사가 쓰인 문장에서 동작의 대상이 된다. 조사 '을/를'이 붙어서 나타난다.

　　그는 오늘 <u>지갑을</u> 잃어버렸기 때문에 <u>점심을</u> 먹지 못했다.

4) 보어 : 주어와 서술어만으로는 뜻이 완전하지 못할 때 보충하여 문장의 뜻을 완전하게 한다. 문장의 서술어가 '되다' 혹은 '아니다'가 올 때 함께 사용된다. 조사 '이/가'가 붙어서 나타나므로 주어와 혼동하지 않도록 주의해야 한다.

그는 한국어 <u>선생님이</u> 아니다. 그는 영어 <u>선생님이</u> 되었다.

## 2  부속 성분

문장을 구성하는 수식 성분으로 문장을 쓸 때 필수 성분의 앞이나 뒤에 나와서 문장성분 또는 문장 전체를 꾸며 주는 역할을 한다. 부속 성분은 뜻을 세밀하게 하고 문장의 의미를 구체적으로 전달할 수 있지만 지나치게 많이 사용되면 문장이 복잡해지고 오해를 불러올 수 있으므로 적절하게 사용되어야 한다.

1) 관형어 : 주어나 목적어 그리고 보어 앞에 와서 그 내용을 꾸며 주는 문장성분이다.

<u>한국의</u> 겨울은 매우 건조하고 기온이 낮다.

2) 부사어 : 문장 안에서 주로 서술어를 수식한다. 부사어는 경우에 따라 서술어를 수식하기도 하고, 또 다른 부사어를 수식하기도 하며 문장이나 구절 전체를 수식하기도 한다. 부사어는 부속 성분이지만 문장 구성에 꼭 필요한 경우도 있다.

우리 학교는 교정에 꽃이 <u>많이</u> 피어서 <u>정말</u> 아름답다.
1인 가구가 늘면서 작년 한 해 동안 반조리 음식이 <u>정말 많이</u> 팔렸다.
<u>다행스럽게도</u> 이번학기에는 장학금을 받을 수 있게 되었다.

## 3  독립 성분

독립 성분에는 독립어가 있다. 문장의 다른 성분을 꾸며주거나 꾸밈을 받는 일이 없이 독립적으로 쓰이는 말이다. 감탄사나 이름 뒤에 호격조사가 붙은 형태, 또는 대답하는 말이 모두 독립어이다.

<u>아</u>, 나의 <u>조국이여</u>!
<u>네</u>, 그렇습니다.

# 대학 글쓰기의 종류

## 1 보고서(report)

제목 : '전통경제학에서 행동경제학으로'

- 목 차 -
1. 서론
2. 행동경제학의 발전
   2-1. 행동경제학의 기초
   2-2. 행동경제학 이론의 바탕
   2-3. 행동경제학과 전통경제학의 비교
   2-4. 행동경제학의 성과과 미래
3. 결론

과목명 : 경제학원론
교수명 : ○○○
제출자 : --학과 202301001학번 ○○○
제출일 : 2023.04.23

#### 1. 서론

최근 전통경제학을 공부한 경제전문가들의 행동경제학으로의 이동이 확연하다. 경제학 이론 영역에서 전통경제학이 밀려나고 행동경제학이 중심을 잡기 시작한 것은 기존의 전통경제학만으로는 시장 경제의 현상을 모두 설명할 수 없다는 경제학자들의 반성때문이라고 할 수 있다. 전통경제학을 연구해 온 학자들은 '인간은 합리적인 존재'라는 전제를 바탕으로 시장원리를 이해해 왔지만, 최근에 보여지는 소비자의 다양한 의사결정은 예외가 많고 과거의 이론들로는 설명할 수 없는 현상을 수반하고 있다. 행동경제학의 발전은 이러한 경제적 의사결정 행위를 설명할 새로운 이론을 확립하고자 하는 학자들이 늘어난 결과라고 할 수 있다.

······· 후 략 ·······

#### 2. 행동경제학의 발전

##### 2-1. 행동경제학의 기초

행동경제학자 대니얼 카너먼은 2002년에 「전망 이론」을 발표하여 노벨상을 받았다. 그는 행동경제학자로서 노벨상을 수상한 최초의 연구자였는데 그의 연구 주제가 인간의 심리와 경제학의 연관성을 증명한 행동경제학의 바탕이 되었기 때문이다[1]. 그의 논문은 특히, 사람들의 판단과 의사결정이 불확실한 상황에서 어떻게 이루어지는가를 분석한 연구로 그 가치를 인정받았다. 그 뒤로도 2013년에는 예일 대학의 로버트 실러 교수가 노벨 경제학상을 받았고, 2017년에는 시카고 대학의 리처드 세일러 교수가 '넛지(nudge)'이론으로 노벨상을 수상하는 등 2000년대 이후 행동경제학은 매우 빠르고 폭넓게 경제학 영역에서 자리를 잡아가고 있다[2].

······· 후 략 ·······

#### 3. 결론

일본을 비롯한 아시아의 많은 국가들은 2004년 이래로 매해마다 행동경제학 워크숍을 개최하여 그 성과를 공유하고 있다. 나아가 행동경제학회를 설립하여 해외 전문가들을 초빙하는 등 지금까지 활발한 연구 발표와 토론을 진행하고 있다. 이제 젊은 경제학자들은 행동경제학을 통해 새로운 성과를 내고 있다. 행동경제학에 대한 수요가 높아지는 것은 일시적인 현상이 아니라, 이를 통해 우리의 의사결정을 더 잘 설명할 수 있기 때문이며 앞으로도 더 많은 영역에서 행동 경제학에 기댄 긍정적인 연구가 이루어질 것이다.

1) 대니얼카너먼, 이창신 옮김, 『생각에 관한 생각』, 김영사, 2018.
2) 로버트 쉴러, 박슬라 옮김, 『내러티브경제학』, 알에이치코리아, 2021.

## 2 실험보고서

### 실험 제목 : 최대정지마찰계수 측정

실험 일시 :　　　년　　월　　일
실험자 : 학번　　　　이름
공동 실험자 :
온도 :　　　　습도 :　　　　날씨 :

1. 목적 : 수평면에서 물체가 운동을 시작할 때, 물체와 접촉면 사이의 마찰계수를 측정한다.

2. 기구 : 수평면, 직육면체 나무토막(각 면의 넓이가 다른 나무토막), 추, 용수철 저울

3. 이론

　한 물체가 다른 물체의 표면과 접촉하여 운동하려고 할 때, 운동을 방해하려는 힘을 마찰력이라 한다. 이때, 물체가 움직이지 않고 있을 때 작용하는 마찰력을 정지 마찰력이라고 하며, 물체가 움직이고 있을 때 작용하는 마찰력은 운동 마찰력이라고 한다. 마찰력의 크기는 접촉면의 상태에 따라 달라지며, 접촉면의 넓이와는 거의 관계가 없고, 물체가 놓여 있는 표면의 법선 방향의 힘인 수직항력에 비례한다.

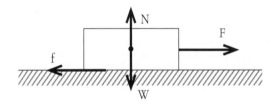

　그림에서 물체에 수평 방향의 힘 F를 가했을 때, 물체가 움직이지 않는다면 힘 F 와 정지 마찰력 f 의 크기는 같다. 힘 F 가 증가할수록 정지 마찰력 f 도 증가하게 되는데, 물체가 움직이기 직전의 정지 마찰력은 최대값을 가지게 되며 이 값을 최대 정지 마찰력이라고 한다. 정지 마찰력 f 는 $f = \mu N (\mu$: 정지마찰계수, $N$ : 수직항력)으로 구할 수 있다. 따라서 최대 정지 마찰계수 $\mu = f / N$ 으로 계산할 수 있다.

4. 실험 방법
　(1) 나무토막의 질량 $M_0$ 를 측정하여 기록한다.
　(2) 수평면과 나무토막의 면적이 가장 넓은 면 A 가 접촉하도록 수평면에 나무토막을 올려놓고 용수철 저울로 나무토막을 천천히 잡아당기면서 나무토막이 미끄러지기 시작하는 순간의 힘의 크기 $F(=f)$를 측정한다. 실험을 5회 반복하여 평균값을 구한다.
　(3) 나무토막의 다른 면 B, C 를 수평면과의 접촉면으로 하고 과정 (2)를 반복한다.
　(4) 나무토막 위에 질량 0.5 kg, 1 kg, 1.5 kg의 추($M_1$) 를 차례로 올려놓고 과정 (2), (3)을 반복한다.
　(5) 위 측정값을 이용하여 최대 정지 마찰계수를 구한다.

5. 측정 및 계산
　(1) 측정값

……… 후　략 ………

참조 : 『일반물리실험』, 한국물리학회, 청문각, 1991.

## 3 학술 논문

### 배경지식의 활성화를 통한 글쓰기 교육모형 연구
-동영상 자료의 활용을 중심으로

- 목 차 -

1. 서론
2. 동영상 자료 활용을 통한 배경지식의 확장적 이해와 글쓰기 모형
3. 학습모형을 적용한 쓰기 과제 수행 결과 분석
4. 결론

1. 서론

1) 연구의 목적과 필요성

대학에서 학문목적한국어 교육을 받는 외국인 학생들은 교과목의 운영 특성과 학기제로 운영되는 교과목의 시간 배정상 짧은 시간 안에 많은 양의 학습 내용을 습득해야 하기 때문에 학업에 부담감을 느낀다.

······ 후 략 ······

국문초록

최근 국내 대학에 입학하는 외국인 유학생의 한국어능력 요구 수준이 현저히 낮아졌다. 이런 상황에서 본 연구는 외국인 유학생 대상 글쓰기 교육에서 시각자료, 특히 동영상을 활용한 내용 중심 글쓰기 교육의 새로운 교수-학습 모형 제시를 일차적 목적을 삼고 있다. 그리고 이를 S대의 학문목적한국어 쓰기 수업에 적용하여 그 효과를 확인하고자 하였다. 교수-학습 모형을 제시할 때 다음의 두 가지 과제를 주요 논의 사항으로 설정하였다. 먼저 효과적인 쓰기 교수-학습 방법을 모색하기 위해 수업의 4단계 중 2단계인 제시단계에서 목표 지식을 얻기 위한 교수자의 직접적 제시 방법을 줄이고 동영상 자료를 활용하여 학습자의 스키마를 활성화하는 방법을 제시하였다. 그리고 두 번째로 학습자의 스키마가 쓰기 지식으로 확장하기 위하여 연습과제를 부여하는 대신 '다시쓰기'를 통해 '확인단계'를 강화하였다. 이를 통해 이후 과제 수행의 단계에서 학습자가 확장된 쓰기 지식을 전략적으로 선택하여 결과물을 도출하도록 하였다. 그리고 이에 대한 학습 효과를 알아보기 위해 S대학 외국인 유학생 중 1학년 신입생을 대상으로 사례연구를 설정하였다.

결과적으로 동영상 자료를 활용한 스키마의 활성화는 학습자의 글쓰기 지식 확장에 기여할 수 있다는 점을 알 수 있었다. 또한 교수자의 직접적 제시와 설명을 최소화하고도 학습자가 능동적으로 자신의 쓰기 결과물을 도출하기 위한 쓰기 지식의 전략적 선택과 적용이 가능하다는 점을 확인하였다.

주제어 : 학문목적한국어, 유학생 글쓰기교육, 시각자료 활용, 스키마활성화, 쓰기지식적용, 전략선택

- 출처 : 김은정, 한래희, 「배경지식의 활성화를 통한 글쓰기 교육모형 연구-동영상 자료의 활용을 중심으로」, 리터러시연구(9권4호), 리터러시학회, 2018.

1장 대학 글쓰기의 의미 **29**

# 2장

# 글쓰기와 문어체

구어체와 문어체의 차이를 알고 표현과 특징을 이해한다.
대학 글쓰기에 필요한 문어체의 표현을 사용하여 글을 쓴다.

> 그리고 책을 읽으면 많은 경험을 할 수 있어요. 책에는 우리가 생활할 때에는 알 수 없는 많은 것들이 들어 있어요.

> 또, 독서를 하면 옳은 판단을 할 수 있어요.

> 책을 읽으면 좋은 점이 많아요. 먼저 많은 것을 알 수 있어요. 우리가 독서를 하면 이렇게 많은 지식을 짧은 시간에 배울 수 있어요.

1. 말과 글은 어떻게 다릅니까?

2. 대학에서 사용하는 글쓰기 형식을 알고 있습니까?

## 문어체란 무엇인가?

'문어체'는 글쓰기에서 주로 사용하는 어휘와 표현, 문장 형태의 특징을 일컫는 말이다. '구어체' 글이 말하기에 사용되는 표현을 글자로 혹은 문장으로 옮겨 놓은 것이라면 '문어체' 글은 글을 쓰는 데 적합한 어휘와 표현을 사용하는 전문적인 글쓰기 형태를 띤다. 예를 들어 학문적 논의를 위해서 사용하는 논문, 여러 전공서적과 교양서적, 대학생들이 쓰는 보고서 등은 모두 문어체 글로서 고유한 형식이 있는 것처럼 사용 집단에 따라서 특별한 형식이 있다.

'문어체'는 학기마다 제출하는 보고서(report), 발표 자료와 같은 과제물에서도 사용되고, 중간고사나 기말고사와 같은 시험 답안을 작성할 때에도 필요하다. 그리고 4학년이 되면 학과에 따라서 '졸업 논문'을 쓰기도 하는데 이럴 때 사용하는 글쓰기 형식도 모두 문어체이다. 이렇듯 대학에서 사용하는 글은 대부분 문어체로 되어 있다.

문어체와 구어체의 가장 큰 차이는 음절 줄임과 종결어미에서 찾아볼 수 있다. 문어체를 살펴보면 단어와 단어 사이에 생략이 없고, 음절을 줄여서 쓰지 않는 것이 기본적인 형식이다. 이는 의미 전달의 편리성을 위해서이다. 같은 이유로 음절을 줄여 쓰지도 않는다. 특히 명사와 조사의 연결 사이에서 흔히 생략하는 자음이나 모음의 한 부분도 생략하지 않는다. 예를 들어 구어체의 '그게 뭐예요?'와 같은 질문에서 '그게'처럼 '그것'과 '이' 또 종결어미의 형태도 구어체와는 다르다. 문어체에 생략적 특성이 없는 것은 문장의 영역에서도 그대로 적용된다. 문어체는 구어체와 달리 문장 안에서 이미 알고 있는 내용을 언급하더라도 생략할 수 없다.

문어체는 구어체에 비해 형식성이 높고 예의를 갖춘 정제된 표현을 선호하지만, 1인칭 주어를 드러내지 않는 글이 많고 읽는 사람을 높이거나 쓰는 사람을 낮추는 존칭의 표현을 사용하지 않는다. 더불어 전문적인 영역에서 필요로 하는 경우가 많아서 순우리말보다는 한자어 어휘나 표현을 사용하는 습관이 있다. 이밖에도 문어체는 어휘, 표현, 접속부사, 문장 구조 등 많은 부분에서 구어체와 차이가 있다. 특히 문어체로 쓰는 학술적인 글은 전문 용어와 함께 어휘에 따라 어울려서 짝으로 사용되는 표현이 있다.

한편, 문어체와 구어체의 사이에 '격식체'가 있는데 이는 쓰임새에 따라 구분된 조금 특별한 경우이다. 격식체는 단어 그대로 '격식을 갖추어서 쓰는 글의 문체'라는 뜻이지만 엄밀하게는 문어체라고는 할 수 없다. 격식체는 문장의 종결형식은 구어체보다 점잖고 어휘나 표현도 구어체보다는 문어체에 가깝게 쓰는 글이다. 격식체의 글은 자기소개서와 같은 '소개서' 형식의 글에서도 사용되고, 발표를 하고 토론을 할 때 바탕이 되는 글이기도 하다.

격식체의 표현을 사용하여 대중 앞에서 말하는 과정을 '공식적 말하기'라고 하는데 공식적인 자리에서 말을 듣는 사람이나 글을 읽는 상대방을 높여줌으로써 글쓴이나 말하는 이의 품위를 지키고 내용을 신뢰할 수 있도록 돕는다. 수업에서 '발표'를 할 때, 공식적인 자리에서 청중을 대상으로 연설을 할 때, 그리고 뉴스에서 아나운서가 기사를 전달할 때 사용하는 표현은 모두 격식체이다. 격식체는 문장을 종결할 때 '-어요'나 '-이에요' 대신 '-습니다' 또는 '-입니다'를 사용하며, 주어로 '저는'을, 상대방을 지칭하는 표현으로 '여러분'을 사용할 수 있다.

## 문어체를 보는 기준이 그때그때 다르다고?

국립국어원 사이트(https://www.korean.go.kr/)에 '문어체'에 대해 질문하면 다음과 같은 답을 준다. "'문어체'는 일상적인 대화에서 쓰는 말투가 아닌, 글에서 주로 쓰는 말투를 말한다." 동시에 글에서 쓰는 말투와 입말에서 나타나는 말투가 다른 이유는 명확하게 모른다는 설명도 덧붙어 있다. 더 골치 아픈 것은 구어체와 문어체가 어떻게 다른지 어휘, 표현, 혹은 종결어미와 같은 문법적 단위로 명확하게 나누어 구분해 줄 수도 없다는 것이다. 한국어에 대한 규범을 정하고 한국어를 사용하는 국민에게 바른 국어 생활을 안내하는 국립국어원에서조차 문어체를 정확하게 설명할 수 없다는 사실을 어떻게 해석해야 할까.

해당 사이트의 온라인 상담 사례들을 살펴보면 '문어체'에 대한 질문이 유독 많은 것을 알 수 있는데, 순우리말 어휘는 구어체이고 한자어 어휘는 문어체인가를 물어보는 질문에서부터, '-습니다' 형태의 종결어미가 문어체인지 구어체인지를 묻는 질문에 이르기까지 질문의 내용도 다양하다. 그런데 여기에 대한 답을 보면 절반 이상은 '논하기 어렵다'거나 '상황에 따라 다르다'라고 되어 있다. 이는 그만큼 한국어의 '문어체'에 대한 구분이 어렵기도 하다는 것을 나타내는 동시에 문어체와 구어체를 구분해서 사용해야 할 상황이 다양하게 존재한다는 것을 의미하기도 한다.

예를 들어 같은 문어체를 사용하는 글이라고 해도 신문에 사용되는 기사문의 문어체와 보고서나 기획서 등에 사용되는 설명문의 문어체는 문장의 표현이 다르다.

| 기사문 | 설명문 |
|---|---|
| 요즘 사람들 사이에서 1인 방송이 인기를 끌고 있다. 개인이 자체적으로 방송을 제작하기 때문에 초기 자본은 많이 필요하지 않으면서도 한번 인기를 끌면 다른 직업에 비해 상대적으로 돈을 쉽게 벌 수 있기 때문이다.<br><br>한편. 방송의 재미를 극대화하기 위해 폭력적인 행동을 하는 경우나 관심을 끌고자 비도덕적인 행동을 하는 문제가 빈번하게 발생함에 따라 이를 제재하기 위한 법적 장치가 필요하다는 목소리가 점점 커지고 있다. | '지니계수'라는 용어를 들어 본 적이 있는가? 지니계수는 소득분배의 불평등도를 '0~1'까지로 나누어 나타내는 수치로서 경제적 불평등의 척도로 가장 널리 사용된다. 여기서 '0'은 완전평등을 의미하고 '1'은 완전 불평등을 의미하며 지니계수의 값이 커질수록 불평등한 것으로 간주한다.<br><br>소득 불평등이 심하지 않은 사회의 지니계수 기준이 0.3인 데 반하여 우리나라의 지니계수는 2016년을 기준으로 0.355이었다. |

결국, 어떻게 생긴 것이 문어체인가를 판단하는 것도, 어떤 경우에 문어체를 써야 하는가를 결정하는 것도 모두 상황에 다르게 적용될 수밖에 없다. 그러나 그렇다고 해서 문어체가 무엇인지 알 수 없다거나 또는 문어체의 실체가 없다는 뜻은 아니다. 소리로 표현하는 말투와 글로 쓰는 말투가 다른 이유는 사회마다 말이나 글을 통해 소통하는 방법이 다양하기 때문이라고 해석해야 할 것이다. 그러므로 문어체가 경우마다 다르고 글마다 다양하게 나타나는 것은 글을 쓰는 사람의 상황, 글의 목적, 글을 쓰는 사람이 속한 집단의 특성에 따라 사용해 온 글쓰기의 관습이 다르기 때문이라는 뜻으로 해석해야 한다.

문어체는 글을 쓰는 사람이 오랜 경험과 훈련을 통해서 익혀야 하는 사회적 관습이자 글쓰기의 전통이라고 할 수 있다. 글을 잘 쓴다는 것은 개인으로서의 표현 능력이 뛰어나다는 단순한 의미가 아니다. 글쓰기의 전통을 익히기까지 오랜 시간을 글쓰기에 몰두했다는 이야기이다. 그리고 글을 통한 의사소통이 원활하다는 것은 사회구성원으로서 곧 그 사회가 사용하는 글쓰기 관습을 공유하는 데 성공했다는 의미이며 그 사회의 문어체의 형식에 익숙하다는 뜻이다. 결국 자기가 속한 사회의 글쓰기 전통을 알고 글쓰기의 관습대로 글을 쓸 수 있는 사람은 사회의 구성원으로서 공동체적 의식을 가진 사람이라고 할 수 있다.

1   이 글의 설명으로 <u>맞는</u> 것은 무엇입니까?

① 기사문과 설명문에 사용되는 문장 표현은 서로 다른 문어체이다.

② 글을 잘 쓴다는 것은 개인으로서 표현 능력이 뛰어나다는 의미이다.

③ 국립국어원 사이트에 '문어체'에 대해 질문하면 문어체에 대해 정확하게 설명해 준다.

④ 소리로 표현하는 말투와 글로 쓰는 말투가 다른 이유는 사람마다 소통하는 방법이 다양하기 때문이다.


2   다음 중에서 문어체에 대한 바른 설명이 <u>아닌</u> 것은 무엇입니까?

① 문어체는 말이 아니라 글에서 주로 사용하는 말투이다.

② 문어체와 구어체를 사용하는 기준은 상황에 따라 다르다.

③ 문어체는 정확하게 무엇인지 알 수 없고 실체도 없는 표현이다.

④ 문어체는 글을 쓰는 사람이 오랜 경험과 훈련을 통해서 익히는 사회적 관습이며 글쓰기의 전통이다.

## 문어체 종결표현

문장의 끝에 '-이다'의 형태를 갖춘 문장을 사용하는 것은 구어체와 다른 문어체의 가장 큰 특징은 종결표현이다. 전공서적과 교양서적 등의 설명문, 논문과 같은 학술적 글 등 형식이 갖추어진 글을 쓸 때 사용하는 문장 표현 방법이다. 서술문은 구어체의 경우 '-어요'와 '-습니다'와 같은 종결표현을 문어체의 '-이다', '-하다', '-다'로 바꾸는 것은 대부분 알고 있다. 이같이 의문문과 그 밖의 종결표현에서도 문어체는 다른 형태가 사용된다.

의문문을 표현하는 종결어미의 경우에 구어체에서는 '-어요?'를 사용한다. 또 발표와 같은 공식적인 말하기 형태의 구어체에서는 '-습니까?'를 사용한다. 그런데 이를 문어체의 의문문으로 표현하고자 한다면 '-는가?'와 같이 종결어미의 형태를 바꿔 써야 한다. 구어의 상황에서 자주 사용하는 표현으로 청유형인 '-어 보세요', '-어 보십시오', '-어 보시기 바랍니다' 등이 있다. 이 경우에도 문어체로 쓸 때는 '-기 바란다'로 표현해야 한다.

이러한 문어체 쓰기의 형식은 소위 금지문이나 부정문이라고 일컫는 문장의 종결어미에서도 마찬가지로 적용된다. 다만 한국어 문어체의 상황에서 금지문과 부정문의 경우는 조금 특별하다. 한국 사람은 다른 사람의 생각이나 행동을 통제하거나 부정하는 표현을 가급적 피하려고 노력하기 때문에 이러한 상황에서는 될 수 있으면 완곡한 표현을 사용하고자 노력한다. 예를 들면 구어체의 금지문 종결에 사용되는 '-지 마세요' 또는 '-지 마십시오'와 같은 표현은 '-지 말아야 한다'처럼 길게 늘여 표현하거나 '-지 않아야 한다'처럼 완곡하게 허락의 표현으로 바꾸어 표현하기도 한다.

문어체에서는 주어를 선택할 때도 신중해야 한다. 구어체와 달리 문어체에서는 문장의 주어가 반드시 포함되어야 한다. 그렇지만 설명문이나 논설문과 같은 글에서는 사고하는 주체를 드러내지 않는 것이 특징이기 때문에 글을 쓰는 '필자'를 주어로 사용하지 않는 것이 일반적이다. 예를 들어 설명문에서는 행동의 주체나 사고의 주체로서 1인칭 주어인 '나는', '필자는' 등을 사용하지 않는다. 또 논설문에서도 글을 쓰는 사람이나 의견을 주장하는 사람을 지시하는 '나는' 또는 '필자는'과 같은 1인칭 주어를 사용하지 않는다. 이와 마찬가지로 시험지의 답안을 작성하거나 대학에서 보고서를 작성할 때와 같은 글에서는 1인칭 주어를 사용하지 않는다.

그렇지만 특수한 성격의 글에서는 '나'를 주어로 사용할 수 있다. 문어체의 글 중에서도 비교적 사적인 개인의 사색을 싣는 수필의 경우에는 주어를 사용하기도 한다. 또 신문의 사설과 같은 글에서는 '저자' 혹은 '필자'라는 단어로 1인칭 주어를 나타내기도 하고, 기행문이나 평론 등과 같은 글에서는 '나'를 사용하기도 한다. 그러나 어떤 경우에서도 문어체에서 1인칭 주어로 '저'를 사용하지는 않는다. 문어체에는 읽는 사람을 높이거나 쓰는 사람을 낮추는 표현을 사용하지 않기 때문이다.

※ 다음 구어체의 문장을 읽고 문어체로 바꾸어 쓰십시오.

1) "한국 전통문화가 궁금하다면 문화 탐방프로그램에 참여해 보는 것도 고려해볼 만해요."

_____

2) "제가 학교를 그만둔 이유는 전공이 저의 적성에 안 맞는다고 생각했기 때문이에요."

_____

3) "한국 사람들과 친해지고 싶을 때는 어떻게 해야 해요?"

_____

4) "한국에서 길을 모를 때나 길을 잃어버렸을 때는 옆에 지나가는 한국 사람한테 물어보면 친절하게 가르쳐 줄 거예요."

_____

_____

5) "우리나라에도 한국의 '사이좋은 형제'와 비슷한 옛날이야기가 있어요. 한국과 베트남이 모두 아시아 국가라는 공통점이 있어서 문화가 비슷한가 봐요."

_____

_____

6) "동생이 어제 한국에 왔는데 공항에서 휴대폰을 잃어버려서 전화를 못 했어요. 그래서 저는 동생을 데리러 못 갔어요."

_____

_____

## 자세하고 정확하게 표현하는 문어체

　문어체는 문장 구성에 필요한 필수 성분을 생략하지 않는다. 이와 달리 구어의 상황에서는 화자와 청자가 이미 알고 있는 부분을 생략하고 간단하게 말하는 경향이 있다. 이러한 차이는 구어체의 경제성과 문어체의 명료성으로 대표될 수 있다. 구어 상황에서 사용하는 구어체는 화자와 청자 사이의 의사소통 과정에서 시간을 줄이고 경제적으로 의미를 전달하고자 하는 의도가 가장 잘 반영된 표현법이다. 반대로 문어체는 필자와 독자가 반드시 같은 시공간에서 의사소통을 진행하지 않으므로 의미의 전달이 오해 없이 정확하고 명료하게 이루어지도록 노력할 수밖에 없다.

　구어체와 비교해 문어체는 의미 전달에 필요한 필수 문장성분뿐만 아니라, 정도를 나타내는 수식 성분까지도 자세하게 서술하는 것이 일반적이다. 그리고 어휘나 표현을 표기할 때에도 음운을 축약하거나 명사와 조사를 발화하는 대로 줄여서 표기하지 않는다. 구어체에서 가장 흔하게 줄여 쓰는 경우가 의존명사 '것'과 조사를 줄여서 하나의 음절로 표기하는 것이다. '그게', '그걸', '그건'과 같은 구어체의 표기는 문어체에서는 반드시 '그것이', '그것을', '그것은'으로 써야만 한다. 또, 다른 사람의 말을 옮겨 와 전달할 때 사용하는 표현인 '-대요', '-래요', '-재요', '내요'도 '-다고 하다', '-라고 하다', '-자고 하다', '-냐고 하다'처럼 원형 그대로 적어야 한다.

　문어체의 또 다른 특징 중 하나는 문어체 글을 작성하는 목적과 환경 때문에 특별한 표현이 필요하다는 점이다. 대부분의 문어체 글이 공식적이고 학문적인 글이기도 하지만, 특히 대학에서 작성하는 문어체 글은 보고서나 논문처럼 앞뒤의 내용이 논리적으로 잘 연결되어야 한다. 동시에 단락별로 그 기능이 명확하게 드러나야 하고, 단락과 단락의 관계가 선명하고 전체 글의 구조가 유기적이어야 한다. 이렇게 작성된 글을 읽을 때 독자는 글의 흐름을 이해하고 내용을 잘 기억할 수 있기 때문이다. 따라서 글을 쓸 때 문장과 문장, 단락과 단락의 사이에 접속부사와 같은 연결표현을 적절하게 사용할 수 있어야 한다.

단어의 연결에 사용하는 표현으로 구어체에서 자주 사용하던 '와', '이랑' 등의 표현은 문어체에서는 '및', '또는'으로 바꿔 표현해야 한다. 이는 대학에서 자주 사용하는 문어체의 표현에서 드러나는 특징이다. 문장의 연결에 사용하는 표현으로 구어체에서 문장과 문장을 연결할 때 자주 사용하던 '그리고', '그러나', '그런데' 등은 앞뒤 문장의 내용 관계에 따라서 선택되는 접속부사로서, 문어체 표현에서도 그대로 사용할 수 있다.

문어체에서는 문장과 문장을 연결할 때 관계뿐만 아니라 내용의 중요도, 강조하고자 하는 순서 등을 복합적으로 고려해야 한다. 예를 들면 앞뒤 내용의 관계에 따라 연결, 인과, 역접을 나누어 '-으며', '-으나', '-으므로', '-는 반면에'를 사용하기도 하지만, A, B, C를 나열할 때, 가장 중요한 것부터 순서대로 서술하기 위해 강조하는 순서에 따라 '-인 동시에', '와 함께', '에 이어서' 등과 '-는 한편'처럼 다양한 표현을 사용하여 구체적이고 세밀한 차이를 독자에게 알려준다.

문단을 연결할 때도 마찬가지이다. 앞뒤 문단의 내용 관계에 따라서 '그러므로', '따라서', '반면에', '그럼에도 불구하고'와 같은 표현을 사용하기도 하고, 내용의 중요도와 강조하여 서술하고자 하는 순서를 따라 '더불어', '한편', '동시에', '나아가'와 같은 표현을 사용하기도 한다. '결과적으로'는 문장 내에서도 사용할 수 있고, 문단을 새로 시작할 때도 사용할 수 있다. 문장 내에서는 앞서 서술한 내용이 가져오는 결과를 강조하고자 할 때 사용하며 문단을 시작할 때는 첫머리에서 앞선 본론의 내용을 요약하거나 앞 문단의 내용이 원인이 되어 다음 문단의 내용이 결과가 됨을 나타낼 때 사용한다. '특히'는 앞서 설명한 주제나 명제에 대해서 좀 더 구체적이고 특징적인 면을 강조할 때 사용한다.

**1  다음의 표현을 사용하여 문장을 하나로 연결하십시오.**

및          -으나          그러므로          -는 반면에

-은/는 동시에          -음에도 불구하고

1) A: 가난한 이웃을 돕는 일은 어렵다
   B: 보람이 크다

_____

_____

2) A: 한국의 젊은 층은 자기계발에 힘쓴다
   B: 사회적 활동에도 관심이 많다

_____

_____

3) A: 논문에 필요한 자료를 찾기 위해 도서관에 갔다
   B: 적합한 자료를 찾지 못했다

_____

_____

4) A: 숭실대학교는 해마다 많은 금액을 해외 교민의 한국어 교육 사업에 지원하고 있다
   B: 의료 사업에 지원하고 있다

_____

_____

5) A: 그 회사는 최근 몇 년 동안 경제적으로 어려움을 겪어왔다
   B: 신기술을 위한 투자를 아끼지 않았다

_____

_____

**2**  다음 글을 읽고 다음 밑줄 친 부분에 알맞은 표현을 넣으십시오.

결국      특히      그렇기 때문에

1) 지난해에는 열심히 공부하지 않고 아르바이트에 더 신경을 썼기 때문에 성적이 좋지 않
  았다. 장학금을 받으려면 성적이 좋아야 하는데 지난해의 성적으로는 장학금을 신청할
  수가 없었다. ＿＿＿＿＿＿ 올해는 열심히 공부해서 좋은 성적을 받아야 경제적으로
  조금 여유롭게 생활할 수 있을 것이다.

2) 우리나라의 몇몇 대형서점에서 뽑은 '올해의 책'으로 『정보 어디까지 왔는가』가 선정되었
  다. 이 책을 선정한 이유에 대해서 심사위원들은 최근 독자들에게 가장 인기 있는 '정보기
  술'에 대한 모든 것을 자세하고 다양하게 예를 들고 있다는 점을 꼽았다. ＿＿＿ 이 책은
  21세기 정보기술의 발전 방향을 독자들에게 이해하기 쉽게 설명하고 있다는 점에서 가
  치가 있다고 강조했다.

3) 피해를 입은 국민들에게 위로금이나 보상금을 나누어주는 정책이 짧게는 경제적인 효과
  를 가져올 수도 있지만 장기적으로는 물가가 인상될 것이 틀림없다. ＿＿＿ 세금으로 국
  민지원금을 지원하는 정책은 국민들이 부담해야 할 세금을 올리는 원인이 될 것이다.

**3**  다음 글을 읽고 밑줄 친 자리에 알맞은 표현을 넣으십시오.

한편      나아가      더불어      동시에
따라시      그와 반대로      이외에도

1) 지난 몇 해 동안 세계는 경제적으로 매우 어려웠지만 ＿＿＿＿ 기술적으로 매우 발전했
  다. 간단한 검사를 통해서 유해 바이러스에 노출되었는지를 알 수 있는 기술이 개발되었
  고, ＿＿＿＿ 의사가 환자를 직접 만나지 않고도 원격 진료를 통해 병명을 알아내고 처
  방전을 약국으로 송부할 수 있는 시스템이 도입되었다. ＿＿＿＿＿ 새로운 의료체계와
  보건 시스템을 갖추기 위한 다양한 과학기술들이 연구되었다.

2) 우리는 사람들의 성격을 가지고 그 사람의 미래를 예상하는 경향이 있다. 예를 들어 성격이 외향적이고 활발한 사람을 보면 문제가 생겼을 때 적극적으로 행동하기 때문에 저 사람은 나중에 성공할 것이라 생각한다. _____ 성격이 내성적인 사람은 자신을 잘 드러내지 않기 때문에 사회성이 부족하고 성공하기 어려울 것이라 판단한다. _____ 성격이 내성적이고 소극적인 사람 중에는 의외로 잠재적인 능력을 가진 사람이 많다. 유명한 심리학자의 연구에 의하면, 내성적인 성격을 가진 사람은 관찰력이 뛰어난 경우가 많기 때문에 사람들을 객관적으로 파악하고 상황을 빠르게 이해하는 능력이 있다고 한다. _____ 하루 중 더 많은 시간을 자기 자신에게 집중하기 때문에 그만큼 더 많은 양의 지식과 전문 기술을 습득할 기회가 많다는 것이다. _____ 성격만으로 사람의 미래를 판단해서는 안 된다.


**4 다음 문장을 읽고 뒤에 이어질 문장을 쓰십시오.**

1) 한국어를 잘하지 못해서 교양과목 수업을 들을 때 어려움이 많다. 반면 _____

_____


2) 그 나라 전 국민의 45%가 수해를 입고 집을 잃거나 가족을 떠나보내야 했다. 그럼에도 불구하고 _____

_____

## 문어체의 관습적 표현

문어체는 글을 통해 소통하는 사회마다 형식이나 용어, 그리고 표현과 종결어미 등이 다양하게 존재한다. 특히 형식적인 면에서 문어체는 구어체와 비교할 때 문장의 길이가 길고, 서술어가 복합적인 구성을 띤다. 문어체는 더 형식적이고 예의 바르지만 복잡하고 관습적으로 사용하는 표현들이 많다. 특히 한자어가 많고, 어휘에 따라 어울려서 사용되는 특정한 표현이 있다. 또 논문이나 연구 성과물 등에 사용하는 문어체에는 전문적인 용어와 문법적인 형식이 있고, 문단의 기능에 따라서 사용하는 어휘표지도 있다.

학술적 글을 쓰거나 보고서를 작성할 때는 전문 용어를 설명하거나 학술 이론을 정의하는 글로 시작하는 단락을 가장 먼저 작성한다. 정의하는 문장을 쓸 때는 주로 'A란 B이다' 또는 'A란 -는 것을 의미한다'와 같은 표현을 사용한다. 또, 전문적인 용어를 설명할 때나 학술 용어를 정의할 때 다른 사람의 글을 인용한다면 '-에 의하면 -는다는 것이다'와 같은 표현을 사용한다.

한편, 분석하는 글을 쓸 때는 대상이 되는 것(A)과 비교가 되는 것(B)을 견주어 그 차이나 유사성의 정도를 드러내는 표현을 사용하는데 'A와 B가 비슷하다'는 뜻의 'A와 B는 C라는 점에서 유사하다'와 같은 표현이 대표적이다. 이는 비교할 대상의 성질뿐만 아니라 비교하거나 대조하는 기준을 함께 제시하기에도 매우 좋은 표현이다. 글에서 주요 논점이 되는 문제를 제기하면서 A의 원인을 제시할 때는 'A의 원인은 B에 있다'처럼 직설적인 표현을 사용하기도 하지만, 'A의 원인을 B에서 찾을 수 있다' 또는 'A는 B에서 비롯되었다(고 해도 과언이 아니다)'라는 완곡한 표현을 사용하기도 한다.

A를 강조하거나 서술하려고 할 때 자주 사용하는 표현으로는 'A는 B가 아니라 C라고 할 수 있다'가 대표적이다. 예를 들면 '생태계 파괴의 문제는 더이상 남극이나 북극과 같은 몇몇 지역에 국한된 문제가 아니라 인류 전체에 해당하는 심각한

문제라고 할 수 있다.'라는 문장에서처럼 비교적 완곡하게 문제가 되는 상황을 설명할 때 사용한다.

주장하는 글을 쓸 때 사실에 대해 단정과 확신의 느낌을 전하고 싶다면 '-을 것임이 틀림없다'라는 표현을 사용할 수 있다. 예를 들어 'AI 기술은 현재보다 미래에 더욱 빠른 속도로 발전할 것임이 틀림없다.'라는 문장에서처럼 사용하는데 대안을 제시할 때 사용하는 'A하기 위해 가장 효과적인 방법은 -는 것이다'라는 표현과 더불어 확신과 강조의 의미가 있는 표현이다. 반대로 완곡하게 대안을 제안하거나 의견을 드러내고 싶다면 '-려면 -어야'라는 의미의 '-기 위해서는 -으려는 노력이 필요하다' 또는 'A가 필요하다' 또는 '-는 것이 좋다'를 사용할 수 있다.

특정한 상황의 진행을 서술할 때는 '-게 되다'처럼 피동의 표현을 사용하기도 한다. 예를 들어 '높은 인플레이션과 계속된 불황으로 한국은 장기적인 경기침체에 빠지게 되었다.'처럼 사용한다. 이는 부정적 결과가 나타나게 할 의지나 의도가 없다는 것을 완곡하게 표현하는 기능을 하지만 문어체에서 피동 표현을 자주 사용하는 것은 좋지 않다.

## ※ 다음 표현을 사용하여 보기와 같이 글을 완성하십시오.

> **보기**　　-는 경우에　　-는 것이 좋다
>
> A: 박물관에서 궁금한 것이 있다
>
> B: 문화 해설사에게 도움을 청하다
>
> ⇒ 박물관에서 궁금한 것이 있는 경우에는 문화 해설사에게 도움을 청하는 것이 좋다.

1) -고 싶다면　　　　　-어 보는 것이 좋다

　A: 좋은 논문을 쓰는 방법을 배우다

　B: 다른 사람의 논문을 많이 읽다

_____

_____

2) -기 위해서는　　　　-으려는 노력이 필요하다

　A: 심각한 환경문제를 해결하다

　B: 전 세계인이 모두 일회용품을 줄이다

_____

_____

3) -는　　　　　　-에서 비롯되었다고 할 수 있다

　A: 청년들의 독서량 감소

　B: 동영상에 지나치게 노출되어 긴 글에 익숙하지 않은 아동기 환경

_____

_____

4) -면　　　　　　　-이 틀림없다

　　A: 기술의 발달로 최첨단 인공지능 로봇이 개발되다

　　B: 사람이 하는 일을 기계가 대신하게 되어 많은 사람이 실직할 것이다

---

---

5) A와 B는　　　　C라는 점에서 유사하다

　　A: 이탈리아

　　B: 한국

　　C: 삼면이 바다로 둘러싸인 반도형 지형이다

---

---

6) A은/는 것은　　　　B을 뿐만 아니라　C은/는 데에도 도움이 되다

　　A: 매해 건강검진을 하다

　　B: 병을 빨리 발견하고 치료하는 장점이 있다

　　C: 병을 예방하다

---

---

## 바꿔쓰기

**1** 아래의 명절을 소개하는 글을 문어체로 바꾸어 써 보십시오.

　　매년 음력 1월 1일은 춘절이에요. 중국에서는 춘절을 새해를 알리는 시작으로 인정하고 있어요. 한국에서 추석과 설날을 제일 큰 명절로 생각하고 유럽의 국가에서 크리스마스를 제일 성대하게 하는 것처럼 중국에서 춘절은 제일 큰 명절이에요.

　　춘절은 중국의 명절 가운데서도 가장 중요해서 옛날부터 내려온 풍습이 많아요. 먼저 설날 아침에 만두 만들어 먹기도 즐거운 풍습이고요. 떡을 만들어서 가족이나 이웃과 나누어 먹는 것도 조상으로부터 전해져 오는 풍습이에요. 예전부터 중국 사람들은 폭죽을 터뜨려요. 가족이랑 대문 앞에서 폭죽을 터뜨리기도 하고 도심 한복판에서 젊은 사람들끼리 모여서 폭죽을 터뜨리며 즐겁게 놀기도 해요. 폭죽 터뜨리기는 한해의 나쁜 일을 물리치고 새해의 길조를 기원하는 풍습이라서 12월의 마지막 날에 해야 해요.

**2** 다음 격식체 발표문을 문어체의 표현으로 바꾸어 다시 쓰십시오.

저희는 오늘 조지프 스티글리츠 교수의 저서 『불평등의 대가』에서 제시된 미국 사회의 불평등 사례와 원인을 살펴보면서 우리나라에서도 일어나고 있는 이와 유사한 상황을 찾아보려고 합니다. 그리고 저자가 대안으로 제시한 방법을 우리나라에 어떻게 적용할 수 있을지에 대해서 알아볼 것입니다.

저자는 불평등한 사회가 얼마나 오랜 정치적 음모와 경제적 책략으로 굳어져 왔는지에 대해 이야기합니다. 그리고 이러한 불평등이 지금도 진행되고 있다고 합니다. 소수의 상위 계층이 나머지 다수의 사회구성원을 심각한 경제적 궁핍으로 내몰고 있는 상황을 보여줍니다.

저자는 이 책의 후반부에서 '희망의 불꽃은 위태롭게 흔들리고 있다'라고 합니다. 이는 한국의 경우도 마찬가지입니다. 완전히 평등한 사회는 존재할 수 없습니다. 그래도 상위 계층의 정치적·경제적 독점으로 인해 하위 계층이 대가를 치르지 않도록 막을 수는 있습니다. 자유와 평등의 조화를 정착시키려는 의지를 키우고 작가가 언급한 대안을 통해 불평등을 완화하려는 노력이 있다면 가능하기 때문입니다.

**3** 아래 표에 있는 질문에 답을 써넣은 후에 그 내용을 활용하여 한 편의 글을 써 보십시오.

1) '유학 생활의 즐거움과 기대'라는 주제로 친구와 이야기를 나눈 후에 아래 표에 내용을 써 넣으십시오.

| 아래 질문으로 나눈 이야기를 써 보십시오. | 왼쪽의 대화체를 문어체의 글로 바꾸어 보십시오. |
|---|---|
| (1) 유학을 오기 전에 한국에 대해 생각해 본 적이 있어요?<br><br>"_____<br>_____" | 사람들은 -를 좋아한다<br>_____ |
| (2) 왜 한국에 유학을 오고 싶었어요?<br><br>"_____<br>_____" | 왜냐하면 -기 때문이다<br>　-를　　-기 위해서는 -가 필요하다<br>_____ |
| (3) 한국에서 대학에 다니면 어떤 점이 좋을 것 같아요?<br><br>"_____<br>_____" | -의 장점으로는 -를 꼽을 수 있다<br>_____<br>_____ |
| (4) 지금 대학에서 무엇을 전공하고 있어요? 또 무엇을 공부하고 싶어요?<br><br>"_____<br>_____" | -에 대해서 -하고 있다<br>　이 외에도<br>_____ |
| (5) 대학교를 졸업하고 나면 어떤 직업을 가지고 싶어요?<br><br>"_____<br>_____" | -에 대해 관심이 있다<br>-게 될 것이다<br>_____ |
| (6) 20년 뒤의 나는 어떤 모습으로 살아가고 있을 것 같아요?<br><br>"_____<br>_____" | -을 것으로 기대하다<br>　나아가<br>_____ |

2) 위의 표에 작성한 내용과 표현을 바탕으로 '즐거운 유학 생활'이라는 제목의 문어체 글을 완성하십시오. (600~800자)

제목:

## 마무리하기 📝

### 1 문어체의 정의

글쓰기에서 사용하는 어휘, 표현, 문장 형태의 특징

### 2 문어체의 특징

음절이나 단어를 줄여 쓰지 않는다.

문장성분을 생략하지 않는다.

짝으로 사용되는 학술적인 표현이 있다.

1인칭 주어 '나'를 사용하지 않는다.

### 3 문어체의 종결표현

|  | 문어체 | 구어체 |
|---|---|---|
| 평서형 | -이다<br>-하다<br>-다 | -아/어(요) |
| 의문형 | -은/는/인가? | -아/어/이에요? |
| 금지형 | -지 말아야 한다<br>-지 않아야 한다 | 지 마세요 |
| 부정형 | -하지 않는다 | 안 -아/어요<br>안 해요 |
| 명령형 | -으라 | -아/어<br>-세요 |
| 청유형 | -자<br>-기 바란다 | -자<br>-아/어 보세요 |

# 4 문어체 연결표현

| | 문어체 | 구어체 |
|---|---|---|
| 단어와 단어를<br>연결할 때 | 와/과<br>및<br>또는 | 와/과<br>이랑<br>하고 |
| 서로 다른 내용을<br>나열할 때 | -으며<br>-으나<br>-아/어서<br>-으므로<br>-은/는 반면(에)<br>-은/는 동시에 | -고<br>-지만<br>-아/어서<br>-니까<br>-라서<br>-은/는데<br>-면서 |
| 문장과 문장,<br>문단과 문단을<br>연결할 때 | 그리고<br>그러나<br>반면<br>따라서<br>그러므로<br>나아가<br>더불어<br>그와 반대로<br>한편 | 그리고<br>그런데<br>그래서<br>그러니까<br>또 |
| 뒤에 오는 내용을<br>강조할 때 | 결국<br>결과적으로<br>그럼에도 불구하고 | |

## 새 단어

| | |
|---|---|
| 가급적 | 유독 |
| 경제성 | 유사성 |
| 경험하다 | 의도 |
| 고유하다 | 일컫다 |
| 공식적 | 적합하다 |
| 관습적 | 전통 |
| 극대화하다 | 점잖다 |
| 명료성 | 정의하다 |
| 부연하다 | 제재하다 |
| 불평등 | 직설적 |
| 비교적 | 통제하다 |
| 비도덕적 | 특수하다 |
| 빈번하다 | 편리성 |
| 사례 | 품위 |
| 생략하다 | 흔히 |
| 세밀하다 | |
| 소득 | |
| 소위 | |
| 순우리말 | |
| 신뢰하다 | |
| 쓰임새 | |
| 언급하다 | |
| 엄밀하다 | |
| 완곡하다 | |
| 유기적 | |

## 띄어쓰기

한글의 띄어쓰기는 한국어 어문 규범의 하나이다. 띄어쓰기는 독자가 글을 읽을 때 오해하지 않고 의미를 이해하기 쉽도록 돕기 위해서, 문장을 쓸 때 단어와 단어 사이에 간격을 두고 어법에 맞게 띄어서 적는 방법이다.

**1  단어와 단어는 띄어 쓴다.**

1) 명사와 명사가 겹쳐서 사용될 때는 띄어 쓰는 것을 원칙으로 한다. 다만 여러 개의 단어가 겹쳐서 하나의 단어로 사용될 때는 붙여 쓴다.

| | | | |
|---|---|---|---|
| 우리 대학교(O) | 책상 모서리(O) | 한국 책(O) | 한국어 쓰기 능력(O) |
| 우리대학교(X) | 책상모서리(X) | 한국책(X) | 한국어쓰기능력(X) |

김치볶음밥    전공과목    조별과제    기말고사    한국문화

내가 다니던 고향의 학교에는 <u>한국어책</u>이 꽤 여러 권 있었다.
우리 대학교에서는 <u>기말고사 시험 날짜</u>를 <u>학과 사무실</u> 앞에 붙여 놓는다.

2) 동사와 동사가 겹쳐서 사용될 때는 띄어 쓰는 것을 원칙으로 한다. 여러 개의 동사가 어울려 하나의 뜻을 나타낼 때는 붙여 쓴다. 본용언과 보조용언은 붙여 쓸 수 있다.

| | | |
|---|---|---|
| 잘라 쓰다(O) | 보고 싶다(O) | 쓸어 넘기다(O) |
| 쓰고 지우다(O) | 들으며 걷다(O) | 타고 내리다(O) |

갈라놓다    넘겨짚다    돌아오다    살아가다    흘러내리다

| | | | |
|---|---|---|---|
| 먹어 치우다(O) | 꺼져 가다(O) | 읽어 보다(O) | 나눠 주다(O) |
| 먹어치우다(O) | 꺼져가다(O) | 읽어보다(O) | 나눠주다(O) |

나는 친구가 <u>알려 준</u> 주소를 가지고 기숙사로 찾아갔다.
남편은 냉장고 앞에 <u>붙여 놓은</u> 메모지를 천천히 <u>읽어보았다.</u>

**2** 명사와 조사는 붙여 쓴다.

**조사가 둘 이상 연속되거나 어미 뒤에 올 때도 붙여 쓴다.**

그는 잠을 잘 때도 항상 불을 켜 놓고 잠이 든다.

고향에서처럼 한국에서도 매일 아침에 밥을 챙겨 먹는다.

친구는 내 컴퓨터를 허락 없이 사용해놓고도 사과하기는커녕 화를 냈다.


**3** 의존명사는 띄어 쓴다.

1) 의존명사의 앞에는 꾸며 주는 말이 와야 하지만 하나의 단어로 취급되므로 앞
   말과 띄어 쓴다.

그 사람은 한국문화에 대해서 아는 것이 참 많다.
고향을 떠난 지 오래되어서 부모님과 가족이 너무나 보고 싶었다.
나는 그 사람과 가끔 인사만 했을 뿐이라서 함께 있으면 어색하다.
언니는 내게 김치를 항상 담가주었기 때문에 만드는 법을 모를 리가 없다.


2) 단위를 나타내는 의존명사는 앞말과 띄어 쓴다. 다만, 순서를 나타내는 경우나 연
   월일을 나타내는 경우, 아라비아 숫자와 어울려 쓸 때는 붙여 쓸 수 있다.

코로나 때문에 사람들은 삼 년 동안이나 실외에서도 마스크를 써야 했다.(O)
여행을 간 곳에 지진이 나는 바람에 가족들에게 전화를 한 통도 하지 못했다.(O)

우리 학교는 삼학년부터 해외 인턴십에 신청할 수 있다.
다음 주에 외국인 총학생회에서 제이십칠대 학생대표를 선출한다고 한다.
나는 2023년 3월 2일에 한국의 대학교에 입학했다.
백두산은 높이가 2,700미터에 달하는 한국에서 제일 높은 산이다.
뉴스에 의하면 물가가 오르면서 전기요금이 km당 13.1원 오른다고 한다.

**4** 전문 용어는 단어별로 띄어 쓴다.

학술 용어나 기술 용어는 전문적인 영역에서 사용되는 용어이므로 의미 파악이 쉽도록 띄어 쓰는 것을 원칙으로 한다. 다만 전문 용어는 둘 이상의 단어로 이루어졌더라도 하나의 개념을 나타내는 경우가 많으므로 붙여 쓸 수 있다. 전문 용어 가운데 한자로 된 고전 책명은 띄어 쓰지 않지만 서양의 고전 책명이나 작품명은 단어별로 띄어 쓴다.

상대성 이론(O)  국제 음성 기호(O)  해양성 기후(O)  탄소 동화 작용(O)
상대성이론(O)  국제음성기호(O)  해양성기후(O)  탄소동화작용(O)

자본주의  퇴직연금  자음동화  국제공공재

동국신속삼강행실도  번역소학  베니스의 상인  바람과 함께 사라지다

## 더 알아보기

# 자주 사용되는 문어체 글

## 1  기획서/ 제안서

### 비대면 강의를 위한 줌-서비스 확대 방안

기획 : 숭실 ZOOM-EDU 사업단

- 목 차 -
Ⅰ. 사업 개요
Ⅱ. 비대면 강의 확장과 줌-서비스의 필요성
Ⅲ. 맞춤형 줌-서비스의 장점
Ⅳ. 줌-서비스 환경 확대시 예상 효과
Ⅴ. 줌-서비스 시설 확충을 위한 경비소요

Ⅰ. 사업 개요
1. 최근 코로나 19와 관련한 방역조치로 대학 및 교육기관의 비대면 수업 개편에 따른 제반 시설 확충
2. 본 숭실대학교의 비대면 현장 수업 및 미입국 외국인 학습자 동시 수업 진행을 위한 전산 인프라 구축
3. 숭실대학교 재학생 중 해외 학습자와 평생교육원 학습시스템을 연동한 멀티학습자료 제작 및 교육시스템 확보

Ⅱ. 비대면 강의 확장과 줌-서비스의 필요성
1. 비대면 학습자의 need와 want를 고려한 효과적인 학습 환경 조성
2. 학습자의 만족도 향상과 수업의 질 제고를 목표로 하는 기능적 시스템(system)구축
3. 비대면 환경에 최적화된 교육시스템 운영 및 LMS 운용제계와의 호환성 보완

Ⅲ. 맞춤형 줌-서비스의 장점
1. 비대면 수업의 현장성 확보
2. 해외 및 원거리 학습자의 동시 학습 가능
3. 교수와 학습자의 상호 소통 및 학습자 간 학습 활동 원활
4. 학습 용이로 인한 정원율 충족 용이 및 학기 중 이탈자 방지 효과
5. 학습 환경 전자화를 통한 대외 이미지 제고 및 대학경쟁력 강화

# 비대면 강의를 위한 줌-서비스 확대 방안

## I. 사업 개요

| 1. | 최근 코로나 19와 관련한 방역조치로 대학 및 교육기관의 비대면 수업으로의 개편 및 이에 따른 제반 시설 확충 |
| --- | --- |
| 2. | 본 숭실대학교의 비대면 현장 수업 및 미입국 외국인 학습자 동시 수업 진행을 위한 전산인프라 구축 |
| 3. | 숭실대학교 재학생 중 해외 학습자와 평생교육원 학습시스템을 연동한 멀티학습자료 제작 및 교육시스템 확보 |

## II. 비대면 강의 확장과 줌-서비스의 필요성

- 비대면 학습자의 need와 want를 고려한 효과적인 학습 환경 조성
- 학습자의 만족도 향상과 수업의 질 제고를 목표로 하는 기능적 시스템(system)구축
- 비대면 환경에 최적화된 교육시스템 운영 및 LMS 운용체계와의 호환성 보완

**숭실 줌 서비스 (ZOOM-EDU)**

## III. 맞춤형 줌-서비스의 장점

- ◆비대면 수업의 현장성 확보
- ◆해외 및 원거리 학습자의 동시 학습 가능
- ◆교수와 학습자의 상호 소통 및 학습자 간 학습 활동 원활
- ◆학습 용이로 인한 정원율 충족 용이 및 학기 중 이탈자 방지 효과
- ◆학습 환경 전자화를 통한 대외 이미지 제고 및 대학경쟁력 강화

## 2 평론

사형제도가 범죄의 저울추가 되지 않으려면

최근 각종 파렴치한 성범죄가 연일 뉴스를 도배하고 있다. 그 영향으로 많은 국민들이 사형제도의 부활을 검토해야 할 필요성을 주장하고 있다. 다만 사형제도가 부활했을 때 엽기적인 살인, 비상식적인 폭력, 파렴치한 성추행과 같은 범죄가 줄어들 것인가. 또 이와 관련하여 형벌 적용의 재고가 필요하게 되지는 않을 것인가. 성범죄의 피해자가 살인 만큼의 정신적 고통에 비례한다고 인정하지만, 사형이 살인이 아닌 중범죄에 대해 적용되는 것은 진지한 고민이 필요하다.

경제활동이 인권과 매우 밀착되어 있는 최근의 인식으로 비추어 볼 때, 주식 사기와 횡령 등의 경제범죄와 수억대의 기업 탈세 등도 이에 준하는 중형을 적용해야 할 것인가 하는 문제도 이에서 자유로울 수는 없다. 오히려 거대 규모의 정치적 범죄, 금전적 이해관계로 인한 다툼과 살인, 기술도용이나 저작권 문제와 같은 관련 범죄로 인한 피해자도 인격과 인권을 유린당하고 있다.

범죄의 무거움은 재판의 공정성이 전제되어야만 가능할 수 있다. 사형이 한사람의 삶을 정지시키는 최고의 폭력이자 국가의 이름으로 수행되는 또 다른 범죄가 되지는 않을까. 이러한 이유만으로도 사형제도를 살리는 과정은 오랜 시간, 다각적 접근이 필요하다. 그만큼 신중하고 또 두려워해야 할 일이다.

## 3 칼럼

저작권 침해 문제를 해결하기 위한 방안이 필요하다

현대사회에서 저작권은 개인의 권리로 인정되는 창작물들을 보호하는 중요한 역할을 한다. 그런데 이 저작권을 어디까지 인정하는가에 대한 논의는 쉽게 결론이 나지 않는다. 그림, 소설, 시 등은 누군가의 창의적 저작물로 당연하게 인정받는다. 그러나 다른 것들, 예를 들어 간단한 명상이나 감상문, 한 구절의 표어, 관광지의 자연 풍경을 찍은 사진, 개인 블로그에 올린 수필과 같은 글, 맛집에 가서 쓴 음식에 대한 평 등은 저작권의 기준에 따라서 개인의 저작권은 마땅히 인정받아야 한다. 그러나 최근에는 과도한 제한으로 사회에 필요한 창작물이 공유되지 못하는 부작용도 일어남과 동시에 개인의 저작권을 무시하여 창작물에 침해를 입히는 사례도 자주 발생하고 있다. 이로 인해 '제 역할을 제대로 수행하지 않는 저작권이 사회에 필요한가'라는 사람들의 의문과 비판의 목소리가 나오고 있다. 저작권법 강화에 대한 비판의 목소리를 줄이기 위해서는 먼저 침해와 부작용이 무엇 때문에 발생하는지를 파악하고, 이러한 피해를 줄이고 문제를 해결하기 위한 방안으로 어떤 것이 있는지를 우선적으로 이해할 필요가 있다.

# 2

# 글쓰기의 준비

# 3장

# 요약하기

글을 읽고 중심 내용을 파악한다.
중심 내용을 바탕으로 글을 요약하여 정리한다.

1. 글을 읽고 중요한 내용을 찾을 수 있습니까?

2. 긴 글을 읽고 짧게 줄여서 정리할 수 있습니까?

## 요약이란 무엇인가?

요약(要約, summary)은 말이나 글의 핵심을 찾아 짧게 정리하는 것을 말한다. 대학생들은 대학 생활 중 요약과 관련된 쓰기 활동을 많이 하게 된다. 우선 강의를 들을 때 교재나 강의 관련 자료를 요약하는 과제를 해야 하는 경우가 많다. 이 외에도 서술식 시험의 답안을 작성할 때나 리포트에 다른 사람이 쓴 글을 인용(引用, quotation)할 때도 요약하기가 필요하다.

긴 글을 제대로 요약하기 위해서는 글 전체의 내용을 먼저 파악해야 한다. 단순히 글자 수를 줄이기 위해 문장을 마음대로 삭제하려고만 해서는 안 된다는 것이다. 중요한 내용을 중심으로 요약하기 위해서는 글을 읽을 때 중심 문장과 핵심어에 밑줄이나 메모 등을 활용하여 따로 표시해 놓는 것이 좋다. 이 과정을 통해 글의 주제와 흐름을 분명하게 이해한 후에 핵심 내용을 중심으로 글을 요약한다. 요약문을 쓸 때는 중심 문장과 핵심어를 바탕으로 글을 간략하게 정리한다. 짧은 요약문이라도 글 전체의 내용을 포괄적으로 담고 있어야 하며 재구성된 문장들은 서로 자연스럽게 연결되어야 한다. 그러므로 요약을 마친 후에 다시 원래의 글과 비교하는 과정도 필요하다.

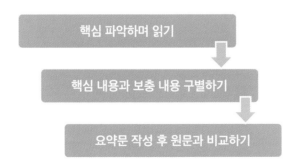

핵심 파악하며 읽기

핵심 내용과 보충 내용 구별하기

요약문 작성 후 원문과 비교하기

위의 표와 같은 과정을 거쳐 요약문을 작성하는 것의 장점은 다음과 같다. 첫째, 글을 더욱 분명하게 이해할 수 있다. 글을 눈으로만 볼 때보다 글을 읽으며 중요한 부분에 표시하고 요약했을 때 내용에 대한 이해도가 높아진다. 둘째, 글의 내용을 더욱 오랫동안 기억할 수 있다. 읽은 것을 요약하며 글을 재정리하면 더 오래 기억에 남게 된다. 셋째, 시간이 지난 후에도 요약문을 읽음으로써 공부한 내용을 빠르게 재확인할 수 있다. 또한 원래의 긴 글을 다시 읽지 않더라도 요약된 것을 읽으면서 이전에 읽었던 세부적인 내용들까지 연상될 것이다. 이뿐만 아니라 다른 사람이 쓴 글을 요약함으로써 문장력과 글을 구성하는 능력 또한 키울 수 있으므로 요약은 학습 과정에 큰 도움이 된다.

제목: _____

　최근 '감각적 소비'를 추구하는 소비자가 늘어나면서 LP가 다시 주목받는 상품으로 떠오르고 있다. 감각적 소비란 특별한 경험과 분위기를 즐기는 것을 목적으로 상품을 구매하는 것을 말한다. 이렇게 실용성보다 심리적 만족을 중시하는 감각적 소비는 시장을 변화시킨다. 음반 시장에서 흔히 LP라고 불리는 바이닐 레코드의 판매량이 꾸준히 증가하고 있는 것 역시 이러한 감각적 소비의 증가와 관련이 있다.

　1960~70년대에 대중적으로 사용되던 음원 저장매체인 LP는 1980년대 전후로 등장한 카세트테이프와 CD에 밀려나기 시작했다. 새로운 저장매체들이 LP에 비해 더 안정적이고 편리했기 때문이다. 이후 2000년대부터는 디지털 음원을 주로 사용하게 되고 음원 스트리밍 사이트들이 자리를 잡으면서 단순히 음악을 듣기 위해서 LP, 카세트테이프, CD 등의 실물 음반을 구매하는 사람들은 더욱 줄어들었다.

　일반적으로 실물 음반은 디지털 음원보다 비싸고 별도의 음반 재생 장치가 필요하다. 또한 음반은 훼손의 위험성이 높다. LP는 이러한 단점이 더욱 두드러지게 나타난다. LP는 제작 과정이 더 복잡하고 제조사가 많지 않기 때문에 다른 음반 형태에 비해 더 비싼 편이다. 또한 LP 재생에 필요한 턴테이블과 스피커의 부피가 큰 편이고 휴대할 수 있는 크기의 재생 장치도 없다. 게다가 LP는 판이 긁히거나 휘는 문제가 쉽게 발생하기 때문에 보관과 관리에 더욱 주의를 기울여야 한다.

　그러나 이러한 단점에도 불구하고 LP의 판매량은 오히려 증가하고 있다. CD의 판매량은 점점 줄어들고 있는 반면에 LP의 판매량은 늘어나고 있는 것은 그만큼 LP 구매가 특별한 의미를 지닌다는 점을 보여준다. 비실용적인 LP가 감각적 소비의 대상이 되면서 구매자가 늘어난 것이다. 소비자들이 LP를 구매하는 이유는 LP를 통해 특별한 방식으로 음악을 듣는 경험을 할 수 있기 때문이다. 예전에 LP를 사용했던 추억을 되살리고자 하는 소비자뿐만 아니라 아날로그적인 분위기를 느껴 보고자 하는 젊은 소비자들에게도 LP는 매력적인 상품으로 인식된다. 더불어 음반 회사가 LP에 부여하는 희소성이 구매자들에게 만족감을 준다. 특히 '기념 음반', '한정판' 등의 단어는 팬과 수집가의 소장 욕구를 불러일으킨다.

이렇게 LP 판매가 늘어나면서 한국의 LP 시장이 되살아나기 시작했다. 2004년 7월, 당시 한국의 마지막 LP 공장이었던 '서라벌 레코드'가 문을 닫았다는 기사가 났다. 하지만 13년이 지난 2017년 이 마지막 LP 공장이 다시 문을 열었다. 이는 다른 형태의 음반이나 디지털 음원에 밀려 시장에서 점차 사라지고 있었던 LP가 감각적 소비를 통해 특별한 경험과 만족을 얻고자 하는 소비자들 덕분에 다시 음반 시장에서 부활할 수 있었음을 잘 보여준다.

**1** 이 글의 제목으로 적절한 것을 고르십시오.

① LP의 특징과 장단점

② LP 판매 증가와 감각적 소비

③ 실용성을 중시하는 감각적 소비

④ 실물 음반과 디지털 음원의 차이

**2** 이 글의 내용과 <u>다른</u> 것을 고르십시오.

① 한국의 젊은이들은 LP에 전혀 관심이 없다.

② 실물 음반보다 디지털 음원이 더 실용적이다.

③ 카세트테이프, CD, LP를 실물 음반이라 한다.

④ 감각적 소비는 심리적 만족을 중시하는 소비 방식이다.

## 핵심 파악하며 읽기

　요약을 하기 위해 가장 먼저 해야 할 일은 글을 처음부터 끝까지 꼼꼼하게 읽는 것이다. 요약문은 원래의 글이 전달하려는 내용의 핵심을 제대로 담고 있어야 한다. 만약 긴 글의 내용 중 일부만 보고 요약한다면 잘못된 요약문을 작성하게 된다. 예를 들어 글쓴이가 '감각적 소비의 장점'을 말하기 위해서 쓴 글에 '감각적 소비의 단점'과 관련된 문제를 해결할 수 있는 방법을 짧게 언급한 부분이 있다고 가정해 보자. 만약 이 글의 전체를 읽지 않고 '감각적 소비의 단점'에 대한 내용만 옮겨 쓰면 잘못된 요약문이 될 것이다. 그러므로 요약할 때는 전체의 내용을 파악한 뒤 글의 중심에서 벗어나지 않도록 주의해야 한다.

　또한 글을 읽은 후 더 쉽게 요약하기 위해 글을 읽으면서 중요한 문장과 어휘에 미리 표시해 놓는 것이 좋다. 글을 쓰는 사람은 독자의 흥미를 끌기 위해, 독자가 내용을 잘 이해할 수 있도록 돕기 위해 다양하고 자세한 정보를 전달한다. 하지만 요약문은 글의 가장 중요한 내용만을 모아 간단하게 정리하는 것이다. 그러므로 글을 읽으면서 핵심이 드러나는 중심 문장, 핵심어를 뽑아내야 한다. 글을 다 읽고 주제를 파악한 후 본격적으로 요약문을 작성할 때, 미리 표시한 것을 중심으로 요약하면 빠르게 끝마칠 수 있지만 표시해 놓은 것이 없다면 시간이 오래 걸릴 것이다.

　다음의 예를 통해 중심 문장과 핵심어에 표시한 것을 바탕으로 어떻게 요약문을 작성하는지 확인해 보자.

최근 '감각적 소비'를 추구하는 소비자가 늘어나면서 LP가 다시 주목받는 상품으로 떠오르고 있다. 감각적 소비란 특별한 경험과 분위기를 즐기는 것을 목적으로 상품을 구매하는 것을 말한다. 이렇게 실용성보다 심리적 만족을 중시하는 감각적 소비는 시장을 변화시킨다. 음반 시장에서 흔히 LP라고 불리는 바이닐 레코드의 판매량이 꾸준히 증가하고 있는 것 역시 이러한 감각적 소비의 증가와 관련이 있다.

↓

① **중심문장**: 최근 '감각적 소비'를 추구하는 소비자가 늘어나면서 LP가 주목받는 상품으로 떠오르고 있다.

② **중심문장 + 핵심어**: 최근 실용성보다 심리적 만족을 중시하는 감각적 소비를 추구하는 소비자가 늘어나면서 LP의 판매량이 증가하고 있다.

①은 분명하게 드러난 중심 문장을 찾아 요약문에 그대로 옮겨 쓴 것이다. 이와 달리 ②는 '감각적 소비'는 '실용성보다 만족을 중시하는' 소비 형태라는 부분도 중요하다고 판단하여 요약문에 포함해 놓았다. 또한 'LP가 주목받는 상품으로 떠오르고 있다'보다 'LP의 판매량이 증가한다'는 것이 의미를 더욱 분명하게 전달하므로 표현을 교체하여 요약했다. 이처럼 요약을 할 때는 중심 문장과 핵심어를 적절히 활용하여 문장을 재구성할 수도 있다.

**1   다음 글을 읽고 문제에 답하십시오.**

1) 다음 글을 읽으며 중심 문장과 핵심어에 표시하십시오.

> 한국의 아이돌 그룹은 팬들에게 다양한 콘텐츠를 제공함으로써 끊임없이 팬들의 흥미를 자극한다. 먼저 아이돌은 음악과 함께 화려한 영상미를 자랑하는 뮤직비디오를 제작하여 보여준다. 또한 새로운 음악을 발표하면 몇 주 동안 여러 방송사의 음악 프로그램에 나와 멋진 퍼포먼스를 보여주는 무대 공연을 한다. 그리고 이러한 공연을 위해 안무를 연습하는 영상도 따로 공개한다. 이뿐만 아니라 많은 아이돌 소속사들은 자체적으로 예능 프로그램을 제작해 유튜브 등의 사이트에 업로드하고 있다. 이처럼 아이돌은 여러 콘텐츠를 통해 자신의 다양한 매력을 뽐낸다.

2) 중심 문장을 찾아 쓰십시오.

_____

_____

3) 중심 문장과 핵심어를 활용하여 한 문장으로 요약하십시오.

_____

_____

## 2 다음 글을 읽고 문제에 답하십시오.

1) 다음 글을 읽으며 중심 문장과 핵심어에 표시하십시오.

한국의 대중문화 상품이 외국에서도 인기를 끌고 있는 현상인 한류는 2000년대 중반부터 뚜렷하게 나타나기 시작했다. 한국의 드라마가 해외에서 집중적 이목을 끌기 시작한 것은 2002년 월드컵 이후이다. 그리고 2000년대 중반 이후 인터넷 네트워크와 관련 플랫폼들의 발달에 힘입어 한류는 더욱 급속히 확산되었다. 특히 아시아 지역에서 한국 아이돌 가수들의 인기가 높아졌고 점차 활동 영역이 더 크게 확장되었다. 이러한 변화 덕분에 한국 문화 전반에 대한 관심이 커지면서 각종 예능 프로그램도 해외에 수출되었다. 영화 역시 꾸준히 국제 영화제에서 성과를 거두었으며 2020년에는 한국 영화가 미국의 아카데미 시상식에서 주요 부문의 상을 차지하기도 했다.

1) 중심 문장을 찾아 쓰십시오.

_____

_____

2) 중심 문장과 핵심어를 활용하여 한 문장으로 요약하십시오.

_____

_____

## 핵심 내용과 보충 내용 구분하기

간략한 요약을 위해서는 글의 주제를 파악하고 중심 문장과 핵심어를 확인한 후 또는 그 과정에서 글의 핵심 내용과 보충 내용을 구분해 볼 필요가 있다. 글을 쓰는 사람은 자신이 말하려는 내용을 보다 효과적으로 전달하기 위해서 다양한 보충 방법을 사용한다. 흥미로운 사례, 정확하고 구체적인 자료, 비슷한 대상과의 비교 분석 등 다양한 읽을거리를 제공하는 것이다. 이러한 부분은 글을 이해하는 데에 도움을 준다. 하지만 요약문을 작성할 때는 이미 글을 다 이해한 상태이므로 이런 보충 내용을 모두 쓸 필요는 없다.

글의 주제를 분명하게 알고 있는 상태에서 글의 내용을 크게 나누어 보면 어떤 부분이 핵심적인 부분이고, 어떤 부분이 핵심을 보충하기 위해 쓰인 부분인지 확인할 수 있다. 이러한 작업을 위해 주요 부분의 내용에 대해 간단히 메모해 놓고 중요도가 높은 부분에는 특별한 기호 등을 활용하여 표시해 놓는 방법을 사용할 수 있다. 이렇게 해 두면 긴 글을 읽은 후 요약할 때 도움을 얻을 수 있다.

글의 어떤 부분이 핵심 내용을 담고 있는가, 어떤 부분이 보충 내용인가에 대해 제대로 판단하기 위해서는 글 전체의 맥락을 파악하고 있어야 한다. 예를 통해 확인해 보자. 다음 글은 "감각적 소비를 즐기는 소비자의 증가 덕분에 LP의 판매량이 늘었다"는 사실을 전달하려는 목적으로 쓴 글의 일부분이다. 여기서 앞부분과 뒷부분 중 핵심 내용을 담고 있는 것은 뒷부분이다. LP의 비실용성을 강조하고 그럼에도 LP 판매량이 늘었다는 점을 말하고자 하는 글이기 때문이다.

| | |
|---|---|
| 보충내용 | 　　1960~70년대에 대중적으로 사용되던 음원 저장매체인 LP는 1980년대 전후로 등장한 카세트테이프와 CD에 밀려나기 시작했다. 새로운 저장매체들이 LP에 비해 더 안정적이고 편리했기 때문이다. 이후 2000년대부터는 디지털 음원을 주로 사용하게 되고 음원 스트리밍 사이트들이 자리를 잡으면서 단순히 음악을 듣기 위해서 LP, 카세트테이프, CD 등의 실물 음반을 구매하는 사람들은 더욱 <u>줄어들었다</u>. |
| 핵심내용 | 　　일반적으로 실물 <u>음반은 디지털 음원보다 비싸고 별도의 음반 재생 장치가 필요하다. 또한 음반은 훼손의 위험성이 높다.</u> LP는 이러한 단점이 더욱 두드러지게 나타난다. LP는 제작 과정이 더 복잡하고 제조사가 많지 않기 때문에 다른 음반 형태에 비해 더 <u>비싼</u> 편이다. 또한 LP 재생에 필요한 턴테이블과 스피커의 <u>부피가 큰 편이고 휴</u>대할 수 있는 크기의 재생 장치도 없다. 게다가 LP는 판이 긁히거나 휘는 문제가 쉽게 발생하기 때문에 <u>보관과 관리에 더욱 주의를</u> 기울여야 한다. |

음반 시장의
변화

☆LP의
비실용성

↓

**LP는 음원이나 다른 실물 음반 형태에 비해 더 값이 비싸고, 별도의 재생 장치가 필요하며, 훼손의 위험성이 있다.**

　　앞부분은 글을 읽는 사람들의 이해를 돕기 위해 음반 시장의 전반적인 변화에 대해 간단히 설명해 주는 보충 내용이다. 즉, 이 부분은 요약에 필수적으로 들어가야 하는 내용은 아니므로 글을 아주 짧게 요약을 해야 하는 상황이라면 생략해도 된다. 또한 핵심 내용인 LP의 비실용성을 강조하기 위해 음반의 공통적인 단점을 먼저 제시한 후 LP의 단점을 반복해서 말하고 있으므로 반복되는 부분을 생략했다. 이때 설명하는 어휘가 비교적 더 간결한 부분의 어휘를 살려 요약문을 작성했다.

## 연습하기 2

**1** 다음 글을 읽고 각 부분의 내용을 간단하게 메모한 후 핵심 내용과 보충 내용을 구분하십시오.

| | |
|---|---|
| 1) 영화가 흥행에 성공할 수 있는 가능성을 높여 주는 것 중의 하나는 '속편'을 제작하는 것이다. 이미 흥행에 성공한 영화의 후속작이 개봉하면 앞선 작품에 대한 호감을 가지고 있던 대중들이 그 속편에 대한 기대감을 가지고 그 영화에 관심을 보이기 때문이다. 하지만 속편으로 나온 영화가 그 기대에 미치지 않으면 관객들은 실망감을 느끼게 될 것이다. 특히 그 영화가 전작과 너무 유사해서 새로운 감동을 주지 못할 때 더 큰 비판을 받을 수도 있다. | 2) |
| 3) 한류도 마찬가지다. 한국 대중문화 콘텐츠를 통해 즐거움을 경험한 외국인들 중 많은 이들이 또 다른 한국 영상 콘텐츠에도 호감을 갖게 되었다. 일종의 속편처럼 그들이 지속적으로 한국의 대중문화 콘텐츠를 찾아보게 되면서 한류가 유지되고 있는 것이다. 그러나 만약 대중문화계가 새롭고 좋은 콘텐츠들을 생산해 내지 못하게 된다면 한류의 지속을 장담할 수는 없다. 그렇기 때문에 한국의 대중문화 콘텐츠 생산자들은 신선한 자극을 줄 수 있는 새로운 작품들을 만들기 위해 노력해야 한다. | 4) |

**2** 위 글의 핵심 내용 부분에서 중심 문장과 핵심어를 찾아 한 문장으로 요약하십시오.

_____

_____

**3**  다음 글을 읽고 각 부분의 내용을 간단하게 메모한 후 핵심 내용과 보충 내용을 구분하십시오.

| 1) | 2010년대 이후 현대를 배경으로 하는 로맨스 드라마에는 몇 가지 변화가 일어나고 있다. 첫 번째는 삼각관계를 중심으로 하는 구도에서 메인 커플과 서브 커플로 불리는 두 쌍의 연인 관계를 중심으로 이야기를 끌어나가는 드라마가 늘어난 것이다. 두 번째는 남녀 주인공이 수직적인 관계로 설정하는 작품은 줄어들고 수평적인 관계의 인물로 설정하는 경우가 많아진 것이다. | 2) |
|---|---|---|
| 3) | 예를 들어 2004년에 방송한 〈파리의 연인〉은 전형적인 삼각관계를 보여준다. 부자인 남자 주인공과 가난한 여자 주인공의 사랑을 방해하는 사람은 여자 주인공의 사랑을 얻지 못한 인물이다. 반면 2016년 방송된 〈태양의 후예〉는 군대의 중대장인 남자 주인공과 외과 전문의인 여자 주인공의 사랑 이야기를 중심으로 하며, 그들의 절친한 동료 역할로 나오는 인물들이 또 다른 연인으로 등장한다. | 4) |

**4**  위 글의 핵심 내용 부분에서 중심 문장과 핵심어를 찾아 한 문장으로 요약하십시오.

_____

_____

## 요약문 작성 후 원문과 비교하기

　본격적으로 요약문을 작성하기 전에 먼저 확인해야 하는 것은 요약의 목적과 요약문의 분량이다. 요약의 목적이 글 전체의 내용을 파악하기 위한 것인지, 기억해야 할 세부 정보를 기록해 놓기 위한 것인지, 특정한 내용만을 남겨 놓기 위한 것인지에 따라 요약문에 들어갈 내용이 달라질 수 있기 때문이다. 또한 요약문의 분량이 정해져 있는 경우라면 그 기준에 맞춰 요약문을 작성해야 한다.

　요약문을 작성할 때는 주제문과 핵심어를 중심으로 문장을 재구성한다. 주의할 것은 요약 과정에서 생략하는 부분이 많기 때문에 요약문의 문장과 문장 사이가 자연스럽게 연결되지 않을 수 있다는 점이다. 따라서 문장을 연결해 주는 적절한 접속어, 연결 표현 등을 사용해야 한다. 또한 한 주제의 글이라도 원문이 길고 복잡하게 구성되어 있다면 내용이 크게 바뀌는 지점에서 문단을 나누어 준다.

　위와 같은 점들에 유의하여 요약문을 작성했다면 완성된 요약문을 원문과 비교해 봄으로써 제대로 요약을 했는지 확인해야 한다. 요약문이 원문의 주제, 중심 문장, 핵심어, 핵심 내용을 포함하고 있으며 불필요한 부분 없이 깔끔하게 정돈된 한 편의 글로 잘 마무리되었는가를 점검하는 것이다. 기본적으로 확인해야 할 사항은 아래와 같다.

　　1. 원문의 주제가 요약문에도 분명하게 드러나는가?
　　2. 요약문에 중심 문장과 핵심어가 포함되어 있는가?
　　3. 요약문의 문장들이 서로 자연스럽게 연결되었는가?
　　4. 요약의 목적에 따라 필요한 핵심 내용이 포함되어 있는가?
　　5. 요약문에 필요 없는 보충 내용들을 삭제하고 작성하였는가?
　　6. 요약문이 간결하게 잘 정리된 한 편의 글로 마무리되었는가?

　위와 같은 내용을 확인하여 부족한 부분이 있다면 수정하고 보완하도록 한다. 또한 정해진 분량에 유의하여 요약문을 작성했음에도 기준보다 요약문이 더 길다면 중복되거나 불필요한 부분을 찾아 삭제해야 한다.

**1  다음 글을 읽고 중심 문장과 핵심어에 표시하십시오.**

최근 '감각적 소비'를 추구하는 소비자가 늘어나면서 LP가 다시 주목받는 상품으로 떠오르고 있다. 감각적 소비란 특별한 경험과 분위기를 즐기는 것을 목적으로 상품을 구매하는 것을 말한다. 이렇게 실용성보다 심리적 만족을 중시하는 감각적 소비는 시장을 변화시킨다. 음반 시장에서 흔히 LP라고 불리는 바이닐 레코드의 판매량이 꾸준히 증가하고 있는 것 역시 이러한 감각적 소비의 증가와 관련이 있다.

1960~70년대에 대중적으로 사용되던 음원 저장매체인 LP는 1980년대 전후로 등장한 카세트테이프와 CD에 밀려나기 시작했다. 새로운 저장매체들이 LP에 비해 더 안정적이고 편리했기 때문이다. 이후 2000년대부터는 디지털 음원을 주로 사용하게 되고 음원 스트리밍 사이트들이 자리를 잡으면서 단순히 음악을 듣기 위해서 LP, 카세트테이프, CD 등의 실물 음반을 구매하는 사람들은 더욱 줄어들었다.

일반적으로 실물 음반은 디지털 음원보다 비싸고 별도의 음반 재생 장치가 필요하다. 또한 음반은 훼손의 위험성이 높다. LP는 이러한 단점이 더욱 두드러지게 나타난다. LP는 제작 과정이 더 복잡하고 제조사가 많지 않기 때문에 다른 음반 형태에 비해 더 비싼 편이다. 또한 LP 재생에 필요한 턴테이블과 스피커의 부피가 큰 편이고 휴대할 수 있는 크기의 재생 장치도 없다. 게다가 LP는 판이 긁히거나 휘는 문제가 쉽게 발생하기 때문에 보관과 관리에 더욱 주의를 기울여야 한다.

그러나 이러한 단점에도 불구하고 LP의 판매량은 오히려 증가하고 있다. CD의 판매량은 점점 줄어들고 있는 반면에 LP의 판매량은 늘어나고 있는 것은 그만큼 LP 구매가 특별한 의미를 지닌다는 점을 보여준다. 비실용적인 LP가 감각적 소비의 대상이 되면서 구매자가 늘어난 것이다. 소비자들이 LP를 구매하는 이유는 LP를 통해 특별한 방식으로 음악을 듣는 경험을 할 수 있기 때문이다. 예전에 LP를 사용했던 추억을 되살리고자 하는 소비자뿐만 아니라 아날로그적인 분위기를 느껴 보고자 하는 젊은 소비자들에게도 LP는 매력적인 상품으로 인식된다. 더불어 음반 회사가 LP에 부여하는 희소성이 구매자들에게 만족감을 준다. 특히 '기념 음반', '한정판' 등의 단어는 팬과 수집가의 소장 욕구를 불러일으킨다.

이렇게 LP 판매가 늘어나면서 한국의 LP 시장이 되살아나기 시작했다. 2004년 7월, 당시 한국의 마지막 LP 공장이었던 '서라벌 레코드'가 문을 닫았다는 기사가 났다. 하지만 13년이 지난 2017년 이 마지막 LP 공장이 다시 문을 열었다. 이는 다른 형태의 음반이나 디지털 음원에 밀려 시장에서 점차 사라지고 있었던 LP가 감각적 소비를 통해 특별한 경험과 만족을 얻고자 하는 소비자들 덕분에 다시 음반 시장에서 부활할 수 있었음을 잘 보여준다.

**2**  위 글에 표시한 내용을 바탕으로 각 단락을 한 문장으로 요약하십시오.

| 1 | |
|---|---|
| 2 | |
| 3 | |
| 4 | |
| 5 | |

**3**  위의 문장을 활용하여 요약문을 작성하십시오.

_____

_____

_____

_____

_____

_____

_____

_____

_____

_____

_____

**4**  작성한 요약문을 평가하고 부족한 부분이 있다면 수정하십시오.

| 자가 평가 항목 | ○ | △ | × |
|---|---|---|---|
| 1. 원문의 주제가 요약문에도 분명하게 드러나는가? | | | |
| 2. 요약문에 중심 문장과 핵심어가 포함되어 있는가? | | | |
| 3. 요약문의 문장들이 서로 자연스럽게 연결되었는가? | | | |
| 4. 요약의 목적에 따라 필요한 핵심 내용이 포함되어 있는가? | | | |
| 5. 요약문에 필요 없는 보충 내용들을 삭제하고 작성하였는가? | | | |
| 6. 요약문이 간결하게 잘 정리된 한 편의 글로 마무리되었는가? | | | |

## 요약하기

**1  다음 글을 읽으며 중심 문장, 핵심어, 핵심 내용 등에 표시하십시오.**

### 글로벌 OTT와 한국의 콘텐츠 산업

2021년 세계적으로 인기를 끌었던 한국의 드라마 〈오징어 게임〉은 넷플릭스를 통해 대중들에게 공개되었다. 당시 〈오징어 게임〉은 넷플릭스가 서비스되는 190여 개의 국가에서 시청률 1위를 달성했다. 이는 해외에서도 한국 드라마에 대한 관심이 높다는 것을 분명하게 보여준다. 그런데 만약 넷플릭스가 없었다면 이러한 큰 성공이 가능했을까? 넷플릭스와 같은 글로벌 OTT는 한국의 콘텐츠 산업에 어떻게 긍정적인 영향을 미치고 있을까?

먼저 높은 접근성을 가진 넷플릭스와 같은 플랫폼 덕분에 한국 콘텐츠들 또한 해외 시장에 진출할 수 있는 기회를 더 많이 얻을 수 있게 되었다. 이러한 OTT 서비스 플랫폼은 점점 늘어나고 있다. OTT는 Over-The-Top의 머리글자를 딴 줄임말로 Over-The는 기존의 것을 넘어선다는 의미이고 'Top'은 TV와 연결되는 셋톱박스(set-top box)를 말한다. 즉, OTT는 TV로 다양한 채널을 볼 수 있게 해주는 서비스를 넘어서 인터넷을 통해 시간과 장소에 상관없이 다양한 미디어 콘텐츠를 즐길 수 있게 해주고 있다. 덕분에 외국의 시청자들도 원하기만 한다면 OTT를 통해 제공되는 한국의 영화나 방송 프로그램을 볼 수 있는 것이다.

두 번째로 글로벌 OTT 기업들이 한국의 미디어 콘텐츠 제작에 직접 투자를 시작하면서 이전보다 많은 제작비를 사용하는 콘텐츠들이 만들어지게 되었다. 2016년 한국에 진출한 넷플릭스를 시작으로 2021년에는 디즈니 플러스와 애플 TV+도 한국에서 서비스를 개시했다. 이러한 기업들은 한국 시장에서 자리를 잡기 위해 한국의 콘텐츠를 수입하고, 더 나아가 한국 콘텐츠 제작에 직접 투자하여 새로운 콘텐츠 제작을 돕기도 한다. 특히 넷플릭스에서 큰 제작비를 투자하여 2019년에 공개한 〈킹덤〉의 성공 이후 이러한 한국 콘텐츠에 대한 지원이 더 활성화되었다. 한국 콘텐츠 제작자들의 입장에서는 더 많은 제작비 덕분에 더욱 질 좋은 작품을 만들 수 있는 기회를 잡게 된 것이다.

물론 글로벌 OTT 서비스가 활성화되기 전에도 한국 드라마는 해외로 수출되고 있었다. 그러나 글로벌 OTT 서비스는 한국 콘텐츠에 대한 접근성을 크게 높여 주었다. 그리고 더 좋은 작품을 만들 수 있도록 지원하는 글로벌 OTT 서비스 기업들 덕분에 한국의 콘텐츠의 완성도 역시 더 높아지게 되었다. 그러므로 글로벌 OTT가 한국의 콘텐츠 제작자들에게 좋은 작품으로 국제 시장에 진출할 수 있는 기회를 주고 있다는 것은 분명하다.

**2** 위 글에 표시한 내용을 활용하여 한 문단으로 요약하십시오.(400자 내외)

_____

_____

_____

_____

_____

_____

_____

_____

_____

**3** 작성한 요약문을 평가하고 부족한 부분이 있다면 수정하십시오.

| 자가 평가 항목 | ○ | △ | × |
|---|---|---|---|
| 1. 원문의 주제가 요약문에도 분명하게 드러나는가? | | | |
| 2. 요약문에 중심 문장과 핵심어가 포함되어 있는가? | | | |
| 3. 요약문의 문장들이 서로 자연스럽게 연결되었는가? | | | |
| 4. 요약의 목적에 따라 필요한 핵심 내용이 포함되어 있는가? | | | |
| 5. 요약문에 필요 없는 보충 내용들을 삭제하고 작성하였는가? | | | |
| 6. 요약문이 간결하게 잘 정리된 한 편의 글로 마무리되었는가? | | | |

## 마무리하기

**1   글의 핵심 파악하며 읽기**

글의 중심 문장, 핵심어에 표시하며 글을 읽고 글의 주제를 파악한다.


**2   글의 핵심·보충 내용 구분하기**

글의 주제를 중심으로 핵심 내용을 담은 부분과 보충 내용을 담은 부분을 구분한다.


**3   요약문 작성 후 원문과 비교하기**

요약의 목적과 정해진 분량에 따라 요약문을 작성한 후 원문과 비교하여 요약문을 완성한다.

## 새 단어

교체하다

구분하다

구성하다

기록

기억

기준

기호

깔끔하다

꼼꼼하다

끝마치다

마무리

맥락

바탕

방식

벗어나다

보완하다

보충

본격적

분량

분석하다

불필요하다

뽑아내다

삭제하다

서술식

세부적

수정하다

연상

원문

유의하다

이해하다

일부

일부분

읽을거리

재구성

전달하다

전반적

전체

정돈하다

정리하다

정보

정확하다

주의

중복

지점

특정

파악하다

포괄적

포함하다

핵심어

확인

흥미

## 문장의 연결

문장이 자연스럽게 연결되어야 전달하려는 내용이 문제없이 전해진다. 그러므로 글을 잘 쓰려면 문장을 연결해 주는 표현을 적절하게 사용해야 한다. 특히 글을 쓸 때는 문어체에서 자주 사용되는 표현을 알고 있어야 한다. 또한 똑같은 표현을 계속 반복하는 것보다는 다양한 표현을 활용하는 것이 좋다.

**1    순접: 앞뒤의 내용을 연결한다.**

　　　-고, 그리고　　　　　-며, -아/어(서), A하여(서)　　　　또한

- 예  학기가 시작되기 전에 강의계획서를 확인하고 듣고 싶은 수업을 선택하여 수강신청을 한다.

- 예  글을 쓸 때는 좋은 글을 쓸 수 있는 참신한 주제를 찾기 위해 노력해야 하며 주제와 관련된 다양한 자료를 찾아보아야 한다.

- 예  대학에서 좋은 성적을 받으려면 출석을 잘 하고 시험도 잘 봐야 한다. 그리고 수업에 적극적으로 참여하는 것도 중요하다. 또한 과제도 빠짐없이 제출해야 한다.

**2    인과: 원인과 결과를 연결한다.**

　　　-아/어(서), 그래서, 따라서　　　　　으므로, 그러므로
　　　으로 인해(서), 그로 인해(서)　　　　　때문에, 왜냐하면

- 예  지난 학기에 열심히 공부해서 장학금을 받았다. 그로 인해 이번 학기에는 학비에 대한 부담이 줄어들었다.

- 예  좋은 글을 쓰기 위해서는 독창적인 아이디어를 찾는 것이 중요하다. 따라서 자신이 쓰고자 하는 내용에 대해 많이 생각하고 관련된 것들을 많이 찾아보는 과정이 필요하다.

- 예  리포트 작성을 위해 자료를 찾을 때 인터넷 검색에만 의존하면 안 된다. 왜냐하면 인터넷에는 신뢰할 수 없는 잘못된 정보들이 많이 있기 때문이다.

**3  역접**: 앞의 내용과 반대되는 내용을 연결한다.

으나, 그러나          -지만, 하지만, 그렇지만          -아/어도, 그럼에도

⊙ 해외에 있는 가족과 전화나 영상통화로 자주 대화하고 있지만 직접 만나지 못하기 때
  문에 외로울 때도 있다. 그러나 이 덕분에 가족과 친구의 소중함을 더욱 잘 알게 되는
  기회를 얻었다고 생각하기로 했다.

⊙ 유학 생활을 하면서 새로운 친구들이 많이 생겼다. 그럼에도 고향에 있는 가족들과 친
  구들이 보고 싶어 힘들어질 때도 있다.

⊙ 출석은 잘 했으나 과제를 기한 내에 제출하지 못했고 시험 역시 잘 보지 못해서 첫 학
  기에는 좋은 학점을 얻지 못했다.

**4  환기/전환**: 앞의 내용을 반복하여 강조하거나 앞의 내용과 다른 화제로 연결한다.

즉, 요컨대                              -는데, 그런데
이(그) 밖에도, 이(그) 외에도          한편

⊙ 한국은 글을 쓸 때 사용하는 형식과 말을 할 때 사용하는 언어의 형식을 구분하여 사용
  한다. 즉, 문어체와 구어체가 따로 있으므로 상황에 맞게 언어를 사용해야 한다는 것
  이다.

⊙ 글을 쓸 때는 문어체를 사용해야 한다. 그러므로 문어체에서 사용되는 문법을 잘 알
  고 있어야 한다. 종결어미는 '-아/어요'나 '-습니다'가 아니라 '-다'를 써야 하고, '것을'
  을 '걸'로 쓰는 것과 같은 음운 축약도 하면 안 된다. 이 외에도 '-이랑', '-한테' 등 구어
  체에서만 사용할 수 있는 문법을 사용하지 말아야 한다. 한편 어휘도 문어체에서 자주
  사용되는 것들이 있으므로 어휘 공부를 꾸준히 해야 한다.

# 더 알아보기

## 발표 잘하는 법

발표를 위한 프레젠테이션 자료를 준비할 때는 발표할 내용을 요약하여 시각 자료를 작성해야 한다. 발표를 듣는 사람들이 핵심을 한눈에 파악할 수 있도록 해주고 자세한 내용은 말로 전달하는 것이다. 이때 가독성을 고려하여 글자의 크기와 배경 등을 설정해야 하며 사진, 그림, 도표 등의 다양한 자료를 활용하는 것이 좋다. 또한 발표를 위해서 프레젠테이션 자료의 페이지에 맞춘 스크립트를 준비해 놓으면 발표를 진행하는 데에 도움이 된다.

감각적 소비와 LP

OO학과
20230001
전승실
1

감각적 소비란?

특별한 경험과 분위기를 즐기기 위한 소비

실용성 < 심리적 만족

→ 감각적 소비 증가의 예: 바이닐 레코드(LP) 판매 증가
2

음원 저장매체의 유형

실물 음반
바이닐 레코드
카세트 테이프
CD

디지털 음원
MP3 등의 파일
온라인 스트리밍
3

실물 음반의 단점

1. 비싼 가격
2. 별도의 재생 장치 필요
3. 음반 훼손 가능성
4

〈 잘못된 시각자료의 예 〉

**감각적 소비와 LP**

최근 감각적 소비를 추구하는 소비자들이 늘어나면서 LP가 다시 주목받는 상품으로 떠오르고 있다. 감각적 소비란 특별한 경험과 분위기를 즐기는 것을 목적으로 상품을 구매하는 것을 말한다. 이렇게 실용성보다 심리적 만족을 추구하는 감각적 소비는 시장을 변화시킨다. 음반 시장에서 흔히 LP라고 불리는 바이닐 레코드의 판매량이 꾸준히 증가하고 있는 것 역시 이러한 감각적 소비의 증가와 관련이 있다.

1960년대부터 70년대까지 대중적으로 사용되던 LP는 1980년대 전후로 등장한 카세트 테이프와 CD에 밀려나기 시작했다. 이후 디지털 음원을 사용하게 되고 음원 스트리밍 사이트가 자리를 잡으면서 단순히 음악을 듣기 위해서 LP, 카세트 테이프, CD 등의 실물 음반을 구매하는 사람들은 더욱 줄어들었다.

일반적으로 음반의 판매량이 점차 줄어드는 까닭은 다음과 같다. 첫째, 음반은 디지털 음원보다 비싸다. 둘째, 별도의 음반 재생 장치가 필요하다. 셋째, 음반은 훼손의 위험성이 있다. LP는 이러한 단점이 더욱 두드러진다. LP는 다른 음반 형태에 비해 더 비싼 편이다. 또한 LP 재생에 필요한 턴테이블과 스피커의 부피가 비교적 더 큰 편이고 휴대할 수 있는 크기의 재생 장치도 없다. 게다가 LP는 보관과 관리에 더욱 주의를 기울여야 한다.

(×) 요약적으로 제시되지 않음

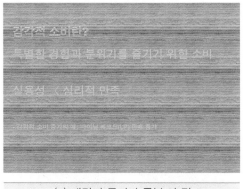

(×) 배경과 글씨가 구분 안 됨

1쪽. **안녕하세요. 저는 감각적 소비와 LP에 대한 발표를 맡은 ○○학과 23학번 전승실입니다.**

2쪽. 최근 감각적 소비를 추구하는 소비자가 늘어나면서 LP가 다시 주목받는 상품으로 떠오르고 있습니다. 감각적 소비란 특별한 경험과 분위기를 즐기는 것을 목적으로 상품을 구매하는 것을 말합니다. 이렇게 실용성보다 심리적 만족을 추구하는 감각적 소비는 시장을 변화시킵니다. 음반 시장에서 흔히 LP라고 불리는 바이닐 레코드의 판매량이 꾸준히 증가하고 있는 것 역시 이러한 감각적 소비의 증가와 관련이 있습니다.

3쪽. 음원 저장매체는 LP, 카세트테이프, CD와 같은 실물 음반과 MP3와 같은 디지털 음원으로 구분해 볼 수 있습니다. 디지털 음원 덕분에 온라인 스트리밍 사이트에서 편하게 음악을 감상할 수 있지요. 그러니 단순히 음악을 듣기 위해서 실물 음반을 구매하는 사람들은 거의 없을 것입니다. 실용성이 떨어지기 때문입니다.

4쪽. 디지털 음원이 아니라 음반으로 음악을 듣는 것은 크게 세 가지 단점이 있습니다. 첫째, 음반은 디지털 음원보다 비싸고요. 둘째, 별도의 음반 재생 장치가 필요합니다. 셋째, 음반은 훼손의 위험성도 있습니다.

**음원 이용료와 음반 구매 가격 비교**

스트리밍사이트: 약 월 10,000원

CD: 10,000원~

LP: 25,000원~

5

**재생 장치 비교: 디지털 음원**

6

**재생 장치 비교: 카세트테이프, CD**

7

**재생 장치 비교: 카세트테이프, CD**

8

**재생 장치 비교: LP**

9

10

5쪽. 특히 LP는 이런 단점이 더욱 두드러집니다. 먼저 LP는 다른 음반 형태에 비해 비쌉니다. **보시는 바와 같이** 스트리밍 사이트는 한 달에 약 만원 정도의 이용료를 내면 원하는 음악을 마음껏 들을 수 있습니다. 하지만 만 원이 넘는 CD를 구매한다면 그 CD에 저장되어 있는 음악만을 들을 수 있습니다. LP는 그보다 더 비싸고요. 일반적으로 LP는 25,000원 정도에 판매됩니다.

6쪽. 재생 장치의 차이도 있습니다. 디지털 음원은 여러분이 사용하는 스마트폰, 컴퓨터에서 재생이 됩니다. 별도의 장치를 살 필요는 없는 것이지요.

7쪽. 하지만 카세트테이프, CD를 재생하려면 카세트 플레이어나 CD 플레이어 등 이러한 별도의 재생 장치가 필요합니다.

8쪽. 그나마 카세트테이프와 CD는 **이렇게** 휴대할 수 있는 사이즈의 재생 장치들이 있습니다.

9쪽. 그러나 **보시다시피** LP 재생에 필요한 턴테이블과 스피커는 부피가 큽니다. LP 판이나 재생 장치를 휴대하기도 어렵지요. 그러나 이러한 단점들이 있음에도 불구하고 최근 LP의 판매량이 증가하고 있다고 합니다. 바로 감각적 소비를 즐기는 소비자들 덕분입니다.

(중략)

지금까지 저의 부족한 발표를 들어주셔서 감사합니다. 혹시 질문 있으신가요?
질문이 없으시면 발표는 여기에서 마치겠습니다. 감사합니다.

# 4장

# 개요 쓰기

글에 들어갈 내용을 미리 구상한다.
글을 쓰는 목적에 맞게 개요를 작성한다.

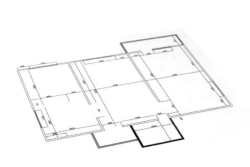

한국어의 특징

서론  한국어의 특징에 대하여 간단히
     살펴보겠다.

본론  1. 조사와 어미가 존재한다.
     2. 예사소리와 된소리, 거센소리가 구
        분된다.
     3. 서술어가 문장의 제일 끝에
        위치한다.

결론  한국어의 여러 특징 중에서 대표
     적인 것들 몇 가지를 알아보았다.

**1. 글을 쓰기 위해서는 무슨 준비를 해야 합니까?**

**2. 글을 쓰기 전에 계획을 세우면 어떤 점이 좋습니까?**

## 개요란 무엇인가?

개요(槪要, outline)란 글의 중요한 내용을 간단하게 정리한 것을 말한다. 글의 개요는 집을 지을 때 필요한 설계도와 비슷하다. 좋은 집을 짓기 위해서는 구체적으로 그려진 설계도가 필요하다. 집을 지을 때 꼼꼼하게 계획을 세우지 않으면 제대로 된 건물을 지을 수 없기 때문이다. 마찬가지로 글을 쓸 때도 미리 계획을 세우는 것이 매우 중요하다. 충분한 계획 없이 글을 쓰기 시작하는 것은 설계도 없이 건물을 짓기 시작하는 것과 같다. 글쓰기에서 건물의 설계도 역할을 하는 것이 글의 개요인 것이다. 글을 쓰기 전에 개요를 작성하는 것에는 어떤 장점이 있을까?

첫째, 형식과 내용 면에서 균형 있는 글을 쓸 수 있다. 미리 '서론-본론-결론'의 개요를 작성하지 않고 글을 작성하면, 서론의 내용이 너무 길거나 본론의 내용이 너무 짧아지는 등 글의 전체적인 균형이 맞지 않을 수가 있다. 혹은 본론에 들어가야 하는 내용을 서론이나 결론에 쓰는 경우도 존재한다. 개요를 작성하며 글의 분량을 조절하고 '서론-본론-결론'에 적합한 내용을 잘 나눈다면 형식과 내용 면에서 균형 잡힌 글을 완성할 수 있다.

둘째, 글의 주제에 맞는 내용으로 글을 구성할 수 있다. 계획을 세우지 않고 글을 쓰기 시작하면 처음에는 어떠한 내용이 매우 중요한 내용이라고 생각했지만 나중에 다시 읽어 보면 글의 전체 주제와는 큰 관련이 없는 부분이 되는 경우가 있다. 이러한 부분은 내용이 타당하다고 해도 전체적으로 글의 주제와 맞지 않기 때문에 그 내용을 지워야 한다. 미리 개요를 짜서 계획대로 글을 작성한다면 이러한 문제를 방지할 수 있다.

셋째, 글의 논리를 일관성 있게 유지할 수 있다. 글을 쓰기 위한 준비를 하다 보면 재미있고 흥미로운 내용들을 알게 되고, 그것들을 글에 모두 넣고 싶은 마음이 들 때가 있다. 하지만 그렇게 하면 글에서 주장하는 내용이 일관되지 않거나 스스로 글의 주장을 약화시킬 수 있다. 글을 쓰기 전에 개요를 논리적으로 작성하면 글 전체의 논리적 일관성을 지킬 수 있는 것이다.

제목: [                                    ]

　한국 사회에서 혼자 사는 가구의 수는 얼마나 될까? 2020년에 조사한 통계청의 자료에 따르면 한국인 1인 가구의 수는 약 664만으로 나타났다. 이것은 전체 가구의 31.7%에 해당하는 숫자이다. 한국 사회의 전통적인 가족은 대가족 형태였기 때문에 할머니와 할아버지, 어머니와 아버지, 자녀들이 모두 한 집에 모여서 함께 살았다. 그러나 사회가 변화하면서 핵가족이 늘어나 어머니와 아버지, 자녀로만 구성된 가족 형태가 많아지게 되었고, 최근에는 다른 가족이 없이 혼자서 살아가는 1인 가구가 크게 증가하고 있다. 한국 사회에서 이렇게 1인 가구가 증가하는 원인은 무엇일까?

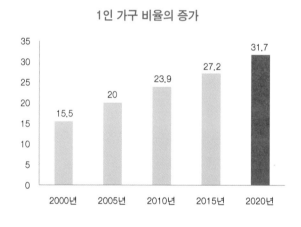

**1인 가구 비율의 증가**

단위: %
자료: 통계청

　1인 가구가 늘어난 가장 큰 이유는 젊은 사람들의 결혼이 크게 줄어들었기 때문이다. 원래 한국 사람들은 대부분 결혼을 꼭 해야 하는 것으로 여겼다. 하지만 요즘은 결혼을 하지 않아도 괜찮다고 생각하는 사람이 많이 늘어났다. 결혼을 하지 않고 혼자서도 행복한 삶을 살 수 있다고 생각하는 개인주의 성향을 가진 젊은 사람들이 많아진 것이다. 이와 반대로 결혼을 하고 싶다고 생각하지만 경제적 문제로 인하여 당장 결혼을 하지 못하는 사람들도 증가했다. 사회적으로 결혼에 필요한 비용이 점점 늘어나면서 그 돈을 마련하기 위한 결혼 준비 기간도 길어지게 된 것이다. 따라서 늦은 나이에 결혼을 하거나 경제적 문제로 결혼을 포기하는 사람들도 많아졌다. 이렇게 결혼을 하지 않거나 늦게 결혼하는 사람들이 크게 늘어난 것이 1인 가구 증가의 가장 큰 원인이 되고 있는 것이다.

하지만 1인 가구의 증가가 젊은 층에서만 나타나는 현상은 아니다. 혼자서 살아가는 노인이 많아진 것이다. 한국 사회가 고령화된 것이 그 원인이다. 자녀들이 독립을 하고 난 후 노인이 된 부부 중 한 사람이 사망하고 나면 남은 배우자는 자연스럽게 1인 가구를 형성하게 되는 것이다. 한국 사회는 고령화가 점점 가속화되고 있기 때문에 1인 가구를 구성하고 있는 노인의 수는 더욱 증가할 것으로 보인다.

한국 사회의 1인 가구 증가는 그저 한국의 가족의 형태가 변화하고 있는 단순한 문제가 아니다. 1인 가구의 증가는 사회적으로 큰 부담이 되기 때문이다. 1인 가구는 다인 가구에 비하여 경제적으로나 심리적으로 안정적이지 못한 것으로 알려져 있다. 또한 1인 가구는 범죄나 질병의 위험에 더 쉽게 노출된다. 한국 사회의 가족 형태 변화에 사회적 관심이 더 필요한 시점이다.

**1** 이 글의 제목으로 알맞은 것은 무엇입니까?

① 점점 고령화되는 한국 사회

② 한국 사회의 1인 가구 증가 원인

③ 한국 사회 가족 형태의 변화 과정

④ 젊은 사람들이 결혼을 하지 않는 이유

**2** 한국 사회의 1인 가구가 늘어나고 있는 원인이 <u>아닌</u> 것은 무엇입니까?

① 한국 사회가 고령화되고 있기 때문이다.

② 1인 가구가 경제적으로 안정적이기 때문이다.

③ 결혼을 준비하는 기간이 길어지고 있기 때문이다.

④ 개인주의 성향을 가진 사람들이 늘어났기 때문이다.

## 주제와 주제문

많은 사람들이 글을 쓰기 전에 '무엇에 대하여 글을 쓸 것인가?', '어떤 내용의 글을 쓸 것인가?'를 먼저 생각한다. 대학에서는 '대학 생활', '한국 문화'와 같이 일반적인 영역부터 각 학과의 전공 영역까지 다양한 내용의 글을 쓰게 된다. 하지만 대학에서는 '무엇'에 대한 글을 쓸 것인지 글쓰기의 '화제'를 정하는 것만으로는 충분하지 않다. 좋은 글을 쓰기 위해서는 어떤 '주제'의 글을 쓸 것인지를 고민해야 하는 것이다.

글의 주제는 글쓴이가 글을 통하여 말하고자 하는 것이라고 할 수 있다. 좋은 글을 작성하기 위해서는 글의 주제를 정할 때 단순히 '무엇을 대상으로 글을 쓸 것인가?'에 고민이 멈추어서는 안 된다. 더 나아가서 '그것을 통하여 내가 말하려고 하는 것은 무엇인가?'까지 고려해야 하는 것이다. 아래의 글은 '한국어 공부'에 대하여 쓴 글이다. 글을 읽고 글쓴이가 하고자 하는 말이 무엇인지 생각해 보자.

한국어 듣기를 공부하기 위한 가장 좋은 방법은 한국 드라마를 보는 것이다. 다른 나라의 말을 공부할 때 가장 중요한 것은 그 언어를 최대한 많이 경험하는 것이다. 그렇지만 학습자가 한국어 듣기를 공부하고 싶을 때마다 그것을 도와줄 한국 친구를 구하는 것은 쉬운 일이 아니다. 그렇기 때문에 한국 드라마는 좋은 선택지가 된다. 내가 한국어를 듣고 싶을 때마다 볼 수 있는 많은 드라마가 이미 만들어져 있기 때문이다. 그리고 한국 드라마는 재미있다. 내가 한국어 듣기를 공부하고 싶을 때마다 언제나 만날 수 있는 재미있는 친구가 준비되어 있는 것이다. 만약 드라마를 보며 듣기 연습을 하기가 어렵다면, 처음에는 자막을 보면서 한국 드라마를 재미있게 시청하고 난 다음에 자막 없이 다시 한 번 보는 것도 좋은 방법이다.

주제가 구체적일수록 더욱 좋은 내용의 글을 작성할 수 있다. '한국어 공부'를 화제로 글을 작성한다고 가정하면, 한국어 공부와 관련된 것들 중에서 어떤 것을 주제로 삼을 수 있을지 고민해야 한다. '한국어 공부'는 지나치게 넓기 때문에 이것만으로는 어떠한 내용을 쓸 것인지 불확실하다. 따라서 '한국어 공부'가 주제가 되기에는 부적절하다. 위 글의 글쓴이는 '한국어 공부'와 관련된 여러 구체적인 내용 중 '한국어 듣기 공부'가 가장 중요하다고 판단하여 그것에 대한 글을 쓰기로 한 것이다.

그리고 글쓴이는 '한국어 듣기 공부 방법' 중에서 가장 쉽고 재미있게 듣기 연습을 할 수 있는 것은 한국 드라마를 보는 것이라고 생각하여 그것을 독자들에게 추천하기 위한 글을 작성하기로 했다. 즉, 이 글의 처음 화제는 '한국어 공부'였지만 글쓴이는 그것을 구체화하여 '한국어 듣기 공부 방법'에 대하여 글을 쓰기로 하였고, 글의 주제는 '한국어 듣기를 잘하기 위한 방법으로 한국 드라마 보기를 추천한다'로 정한 것이다. 이 글을 쓰기 전 글쓴이의 생각은 아래와 같은 과정을 거쳤다고 할 수 있다.

| 화제 | 화제 구체화하기 | 주제 정하기 |
|---|---|---|
| 한국어 공부 ➡ | 한국어 듣기 공부 방법 ➡ | 한국어 듣기를 잘하기 위한 방법으로 한국 드라마 보기를 추천한다. |

주제를 정하고 나서 글쓰기를 할 때 주의해야 할 것 중 하나는 독자가 글을 읽고 그 글이 무엇에 대하여 쓴 글인지, 글쓴이가 말하려고 하는 것이 무엇인지 쉽게 알 수 있어야 한다는 점이다. 다시 말하면, 독자가 주제를 쉽게 알 수 있도록 글을 써야 한다는 것이다.

독자가 글의 주제를 쉽게 파악하도록 돕는 가장 대표적인 방법은 글의 중심 문장을 작성하는 것이다. 아무리 좋은 주제를 정하고 글을 쓰기 시작한다고 해도 실제 글 안에 글쓴이가 말하고자 하는 내용이 분명하게 드러나지 않는다면 독자는 글을 읽으며 혼란스러울 수 있다. 그렇기 때문에 글쓴이의 주장이 분명하게 드러나는 중심 문장이 있을 때 독자들은 더욱 쉽게 글의 주제를 파악할 수 있다. 이러한 글의 중심 문장을 주제문이라고 한다.

독자에게 글의 주제를 쉽게 알려 주기 위한 또 다른 방법은 글에 적절한 제목을 붙이는 것이다. 제목을 통하여 글의 주제를 알 수 있다면, 독자는 그것을 읽고 글의 전체적인 내용을 짐작할 수 있어 글을 이해하는 데 큰 도움이 된다. 또한 매력적인 글의 제목은 독자가 글을 더 읽고 싶다고 생각하게 만드는 역할을 하기 때문에 좋은 제목을 짓는 것은 매우 중요한 일이라고 할 수 있다. 만약 글의 제목을 정하기 어렵다면 주제문을 활용하는 것도 좋다. 주제문을 잘 다듬어 명사형으로 만들면 좋은 제목이 될 수 있다.

1  '유학 생활'에 대한 글을 쓰려고 합니다. 화제와 관련된 내용들을 더 생각해 보고 어떤 내용의 글을 쓸 것인지 정하십시오.

2  구체화한 화제를 바탕으로 주제를 정하여 주제문을 작성하십시오.

| 화제 | 화제 구체화하기 | 주제 정하기 |
|---|---|---|
| 유학 생활 ➡ | ➡ | |

**3** 다음 글을 읽고 물음에 답하십시오.

　　외국에서 유학 생활을 할 때 가장 중요한 것은 현지의 친구를 만드는 것이다. 물론 유학의 기본 목적은 공부이기 때문에 학업에도 힘을 쏟아야 한다. 그러나 유학 생활은 외롭고 긴 싸움이다. 그렇기 때문에 유학 기간 동안 현지에 잘 적응하는 것은 생각보다 매우 중요하다. 현지의 친구를 사귀어서 그 나라에 빨리 적응할 수 있다면 긴 유학 생활이 훨씬 즐겁고 흥미로운 시간이 될 수 있을 것이다.

1) 위 글의 주제문이 무엇인지 쓰십시오.

_____

_____

2) 위 글의 제목으로 적당한 것이 무엇인지 쓰십시오.

_____

_____

## 내용 조직하기

좋은 글을 작성하기 위해서는 본격적으로 글을 작성하기 전에 주제와 관련된 글 감을 충분히 생각해 둘 필요가 있다. 글에 들어갈 수 있는 다양한 내용들을 구상하 는 작업을 진행한 후에 글을 작성하면 그렇지 않았을 때보다 훨씬 풍부하고 참신 한 내용의 글을 쓸 수 있기 때문이다.

글에 사용할 글감을 만들어 내기 위하여 가장 많이 사용되는 방법 중 하나가 바 로 브레인스토밍이다. 본래 브레인스토밍은 특정한 주제에 대하여 자유롭게 떠오 르는 아이디어를 정리하는 방법으로, 주로 여러 사람들이 모여 회의를 진행할 때 사용하는 방법이다. 하지만 브레인스토밍은 글쓰기 주제와 관련된 글감을 구상할 때에도 유용하게 사용할 수 있다. 주제와 관련하여 자유롭게 떠오르는 생각들을 체계적으로 정리하면 그것이 글에 들어갈 풍부한 글감이 되는 것이다.

다음 표는 앞서 살펴본 '한국 사회의 1인 가구 증가 원인'을 작성하는 과정에서 브레인스토밍을 통하여 글감을 생성하고, 마인드맵 형식을 활용하여 체계적으로 정리한 것이다.

| 글감 생성하기 | · 1인 가구 증가의 원인<br>· 고령화가 진행되었다.<br>· 젊은 사람들이 돈이 없어서 결혼을 하지 못한다. | · 노인 1인 가구가 증가했다.<br>· 젊은 사람들의 결혼 비율 감소<br>· 개인주의 성향 |
| --- | --- | --- |
| 내용 정리하기 | 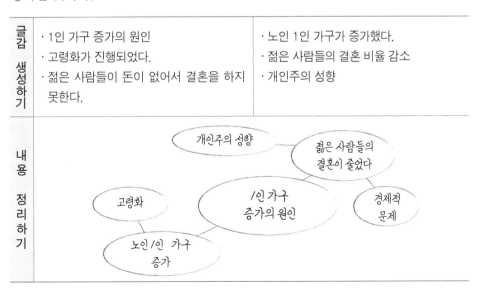 | |

※ '유학 생활'에 대한 글을 쓰기 위하여 필요한 내용을 구상하려 합니다. 브레인스토 밍을 하여 글감을 생성하고 내용을 정리하십시오.

| 글감 생성하기 | · · · · | · · · · |
| --- | --- | --- |

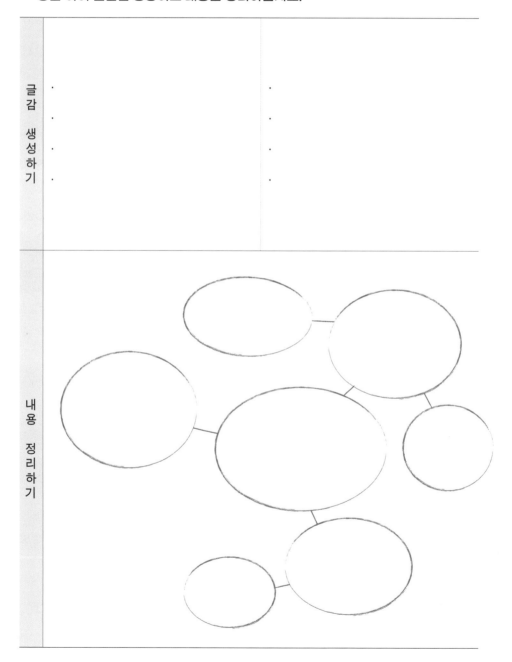

내 용 정 리 하 기

## 개요 작성하기

글감을 충분히 확보한 후에 글을 쓰기 시작한다고 해도 주제에 맞는 일관된 내용으로 글 전체가 이루어지게 하는 것은 쉬운 일이 아니다. 그렇기 때문에 본격적으로 글을 써 내려가기 전에 미리 글의 개요를 작성하는 것이 매우 중요하다. 개요는 글의 주제에 맞게 일관된 내용을 구성하고, 균형 잡힌 글을 쓰는 데 큰 도움을 주기 때문이다.

대학 글쓰기에서는 일반적으로 '처음-중간-끝'으로 이루어진 3단 구성의 개요를 기본으로 한다. 논문이나 보고서 등 대학에서 이루어지는 글쓰기는 많은 경우 이 '처음-중간-끝'을 '서론-본론-결론'으로 구성하는데, 아무리 좋은 주제와 내용으로 이루어져 있다고 하더라도 글의 전체적인 내용이 '서론-본론-결론'의 구성에 맞지 않으면 완성도가 있는 글이라고 할 수 없다. 그렇기 때문에 글의 개요를 구성하는 과정에서 '서론', '본론', '결론'의 특징에 대하여 미리 알아 둘 필요가 있다.

서론은 글의 화제를 제시하고 주제를 도입하는 부분이다. 서론에서는 글쓴이가 글을 쓰는 목적과 동기를 밝히고 글에서 다루고 있는 문제 혹은 현황을 소개하는 내용으로 이루어진다. 또한 서론의 내용은 독자가 글에 흥미를 가질 수 있도록 구성해야 한다. 서론은 글이 처음 시작되는 부분이기 때문에 독자가 글에 좋은 인상을 가질 수 있도록 노력해야 한다. 따라서 서론에서는 주제와 관련된 유명인의 말을 인용하거나 일반적으로 잘 알려져 있는 격언을 언급하기도 하고, 역사적 사건이나 시사적인 내용을 소개하며 글을 시작하기도 한다. 다만, 서론의 내용이 너무 길어질 경우 글이 전체적으로 균형을 잃을 수 있다. 그러므로 글쓴이가 본격적으로 말하고자 하는 내용은 서론이 아닌 본론에 작성해야 한다는 점을 잊어서는 안 된다.

본론은 글의 주제를 본격적으로 전개하는 부분이다. 예를 들어 어떠한 대상을 설명하는 내용의 글을 쓸 경우, 서론의 내용이 설명할 대상을 간단히 소개하는 것이라면 본론에서는 그 대상에 대해 자세한 설명을 이어 나가는 것이라고 할 수 있다. 대상을 분석하거나 주장하는 글을 작성하는 경우에도 마찬가지이다. 분석하는 글을 작성하는 경우 대상에 대한 세밀한 분석은 본론에서 이루어지며, 주장하는 글에서 글쓴이의 주장과 그에 대한 근거 제시 등의 논리를 전개하는 부분 역시 본론이다. 본론은 글에서 다루고자 하는 주제와 관련된 내용을 자세하게 보여 주는 부분이기 때문에 글 전체 분량의 대부분을 차지하게 되며, 글쓴이의 생각이 본론을 통하여 충분히 드러나야 한다.

결론은 글을 마무리하는 부분이다. 결론에서는 본론의 내용을 다시 한 번 강조하거나 제안·전망을 제시하며 글을 마치게 된다. 본론의 내용이 길거나 복잡해서 독자가 기억하기 어렵다고 판단되는 경우에는 본론에서 다룬 내용을 간략하게 요약·정리하는 것도 결론을 작성하는 좋은 방법이다. 결론은 글의 가장 마지막 부분이기 때문에 새로운 논의가 필요한 내용을 다시 도입하거나 너무 긴 분량으로 구성하는 것은 피하는 것이 좋다.

다음은 앞서 살펴본 '한국 사회의 1인 가구 증가 원인'을 '서론, 본론, 결론'으로 나누어 보인 것이다.

| 서론 | 1인 가구 증가 현황<br> 한국 사회의 1인 가구가 급속히 증가하고 있다. |
|------|------|
| 본론 | 1인 가구 증가의 원인<br> 1. 젊은 사람들의 결혼이 크게 줄어들었다.<br> – 개인주의 성향의 사람들이 많아졌다.<br> – 경제적인 문제로 결혼이 늦어지는 사람들이 많아졌다.<br> 2. 고령화가 진행되어 혼자서 살아가는 노인이 늘어났다. |
| 결론 | 사회적 관심의 필요성 강조<br> 1인 가구의 증가에 대한 사회적 관심이 더 필요하다. |

※ 앞서 '유학 생활'에 대하여 생성하고 정리한 글감을 바탕으로 다음 개요를 작성하십시오.

| 제목 | |
|---|---|
| 주제문 | |
| 서론 | |
| 본론 | |
| 결론 | |

| 글쓰기 |  |
|---|---|

## 개요 쓰기

**1** '한국어 공부'에 대한 글을 쓰려고 합니다. 화제를 구체화고 주제를 정하십시오.

| 화제 | 화제 구체화하기 | 주제 정하기 |
|---|---|---|
| 한국어 공부  ➡ | ➡ | |

**2** 주제와 관련된 글감을 생성하고 내용을 정리하십시오.

| | |
|---|---|
| 글<br>감<br>생<br>성<br>하<br>기 | |
| 내<br>용<br>정<br>리<br>하<br>기 | |

**3** 생성한 글감을 바탕으로 개요를 작성하십시오.

| 제목 | |
|---|---|
| 주제문 | |
| 서론 | |
| 본론 | |
| 결론 | |

## 1 주제를 정하고 주제문 작성하기

글의 화제를 더욱 구체화하여 자신의 생각을 담은 주제를 정한다. 이후 주제문을 작성하여 자신이 정한 주제를 분명히 나타낸다.

## 2 내용 조직하기

글을 작성하기 위한 다양한 글감을 생성하고, 생성한 글감을 체계적으로 정리한다.

## 3 개요 작성하기

'서론-본론-결론'에 맞춰 글감을 배열하여 개요를 작성한다.

## 새 단어

가속화

개인주의

경제적

고령화

구상하다

구체화하다

균형

글감

노출되다

단순하다

대가족

대상

도입하다

마련하다

범죄

부적절하다

불확실하다

비용

설계도

성립하다

성향

심리적

안정적

어울리다

일관되다

일관성

적응하다

존재하다

지나치다

체계적

충분하다

통계청

통일시키다

핵가족

현지

혼란스럽다

# 문장의 호응 (1)

한국어 문장을 쓸 때 주의해야 할 것 중 하나는 문장에 사용된 요소의 '호응'을 고려해야 한다는 것이다. 여기에서 '호응'이란 문장에서 어떠한 요소가 쓰였을 때, 그와 어울리는 요소가 따라 쓰여서 자연스러운 문장이 이루어지게 하는 것을 말한다. 즉, 문장에서 단어나 표현을 사용할 때에는 그와 어울리는 요소를 함께 사용해야 한다는 점을 늘 신경써야 하는 것이다.

### 주어와 서술어의 호응

한국어 문장의 호응 관계 중 가장 틀리기 쉬운 것이 바로 주어와 서술어의 호응이다. 주어와 서술어로 사용된 단어가 서로 맞지 않은 경우가 때때로 존재하는 것이다.

(1-1) 이번 시험을 잘 봐서 A+를 받았지만, 더 노력할 것이다.

아마도 문장 (1-1)의 의미를 파악하는 데에는 크게 어려움을 겪지 않을 것이다. 하지만 문장 (1-1)은 구조적으로 큰 문제를 가지고 있다. 바로 문장의 주어가 존재하지 않는 것이다. 즉, '시험을 잘 본' 사람이 누구인지, '더 노력할' 사람이 누구인지 위 문장만으로는 알 수가 없는 것이다. 다음과 같이 문장에 주어를 써 주어야 그 사람이 '나'인지, '친구'인지, 아니면 또 다른 누구인지를 알 수가 있는 것이다.

(1-2) 나는 이번 시험을 잘 봐서 A+를 받았지만, 더 노력할 것이다.

한국어의 모든 문장에는 주어와 서술어가 존재한다. 문장을 쓸 때, 특히 대학의 글쓰기에서 문장을 쓸 때는 언제나 주어와 서술어를 모두 작성했는지를 살펴야 한다.

(2-1) 그 이유는 기말 시험 공부를 매우 열심히 했다.

위 문장의 주어는 '이유는'이다 때문에 서술어는 '이유'가 무엇인지에 대하여 설명하는 것이어야 한다. 하지만 위의 예에서는 그러한 표현이 쓰이지 않았기 때문에 (2-1)은 잘못된 문장이라고 할 수 있다.

(2-2) 그 이유는 기말 시험 공부를 매우 열심히 했기 때문이다.

수정된 문장의 서술어에는 '이유'를 설명해 주는 표현인 '-기 때문이다'가 쓰여 주어와 서술어의 호응이 잘 어울리게 된 것을 확인할 수 있다.

(3-1) 할머니께서는 요리를 참 잘한다.

외국인 학생들이 한국어를 공부하며 가장 어렵게 생각하는 요소 중 하나가 바로 높임법이다. 이 높임법을 사용할 때 실수하기 쉬운 것이 바로 주어와 서술어의 높임법을 통일시켜야 한다는 것이다. 문장 (3-1)에서는 '할머니'가 높은 분이기 때문에 '께서'를 사용하였지만, 서술어는 높이지 않아서 잘못된 문장이 된 것이다.

(3-2) 할머니께서는 요리를 참 잘하신다.

문장에 주어와 서술어가 여러 개 있는 경우에는 각각의 주어와 서술어가 잘 호응하는지 살펴야 한다.

(4-1) 나는 동생보다 몸무게와 키가 크다.

(4-1)에서 서술어는 '크다' 하나만 쓰였다. 그러나 '크다'는 '키'와는 잘 어울리는 반면에 '몸무게'와는 어울리지 않는다. '몸무게가 크다'는 문장은 성립하지 않기 때문이다. 따라서 위 문장에서는 '키'와 '몸무게' 각각에 어울리는 서술어가 필요한이다.

(4-2) 나는 동생보다 몸무게가 많이 나가고 키가 크다.

## 개요의 종류

개요에는 목차식 개요(항목식 개요)와 문장식 개요가 존재한다. 두 종류의 개요 모두 각자의 장점과 단점이 있어, 각 개요의 특징을 알아 볼 필요가 있다.

### 1   목차식 개요

목차식 개요는 글 내용의 각 항목을 핵심적인 단어나 어구로 간단하게 나타낸 개요이다. 이러한 방식의 개요는 작성을 빠르게 할 수 있으며, 글의 전체적인 구성을 한 눈에 알아보기 쉽다는 장점으로 가지고 있다. 다만, 목차식 개요로는 글의 구체적인 내용을 파악하기 어렵다는 단점이 존재한다.

### 2   문장식 개요

문장식 개요는 글 내용의 각 항목을 실제 문장으로 나타낸 것이다. 이 형식은 글의 주제문을 직접적으로 드러내고 있으며, 서론, 본론, 결론의 각 항목에 들어갈 내용들이 구체적으로 쓰여 있기 때문에 목차식 개요보다 글의 내용을 보다 자세히 알 수 있다는 장점을 가진다. 다만, 이러한 방식은 작성하는 데 많은 시간이 필요하다.

| 목차식 개요 | 문장식 개요 |
|---|---|
| **제목: 인스턴트 음식과 건강의 관계** | **제목 인스턴트 음식이 우리의 건강을 위협한다.** |
| **주제: 인스턴트 음식과 환경호르몬, 건강에 부정적 영향** | **주제: 인스턴트 음식에 포함된 환경호르몬이 건강에 악영향을 끼친다.** |
| **서론** 최근 급격히 늘어난 인스턴트 음식의 소비와 질병 발생 | **서론** 최근 급격히 늘어난 인스턴트 음식의 소비와 질병 발생에 관련성이 있다는 보고가 잇따르고 있다. |
| **본론** 1. 인스턴트 음식에 포함된 환경호르몬의 분포<br>2. 환경호르몬과 인체의 영향 관계<br>3. 인스턴트 음식의 섭취로 인한 국민건강과 생활의 질<br>4. 바른 식생활과 건강 의식 되찾기 | **본론** 1. 인스턴트 음식에 포함된 환경호르몬의 분포에서 특정 연관성을 찾을 수 있다.<br>2. 환경호르몬이 인체에 끼치는 부정적영향 관계에 대한 연구를 통해 인스턴트음식이 건강에 악영향을 끼친다는 것을 알 수 있다.<br>3. 인스턴트 음식의 섭취로 인한 문제는 개인의 의료비 부담 증가 뿐만 아니라 국민건강과 생활의 질을 떨어뜨리는 결과를 가져 온다.<br>4. 바른 식생활 문화를 알리고 건강에 대한 잘못된 인식을 바로잡아 건강한 식문화를 되찾아야 한다. |
| **결론** 인스턴트 음식 소비 절감 필요 | **결론** 우리의 건강한 삶을 위하여 가장 먼저 인스턴트 음식 소비를 줄일 필요가 있다. |

# 5장

# 문단 쓰기

문단을 구성하는 원리를 이해한다.
문단을 적절하게 나누어 글을 쓴다.

| 문단 나누기 전 | 문단 나누기 후 |
|---|---|
| 한국 음식은 중부, 남부, 제주도의 음식으로 나뉜다. 이는 지역에 따른 구분이다. 중부 음식에는 서울·경기도, 강원도, 충청도 음식이 속하고 남부 음식에는 전라도, 경상도 음식이 속한다. 제주도 음식에는 제주도 지역만의 음식이 해당한다. 이처럼 각 지역의 음식은 모두 한국 음식이지만 서로 비슷하면서도 남다른 특징을 갖고 있다. 이를 차례로 살펴보겠다. 먼저, 중부 음식이다. 서울·경기도는 조선시대에 수도였으므로 궁중과 양반의 음식문화가 발달했다. 그 영향으로 인해 음식이 짜지도 맵지도 않은 편이다. 대표적인 음식으로는 설렁탕, 신선로, 조랭이떡국이 있다. 강원도는 산간지역에서 감자, 옥수수, 메밀이 생산되고 동해안에서 오징어, 명태가 잡힌다. 음식 맛이 소박하고 구수한 편인데 대표적인 음식으로는 감자부침, 메밀막국수, 오징어순대, 초당순두부가 있다. 충청도는 산간지역에서 산나물과 버섯이 나고 서해안에서 굴, 조개가 생산된다. 양념이 적게 사용되어 음식 맛이 담백한 편인데 대표적인 음식으로는 어리굴젓, 청국장, 올갱이국밥이 있다. 다음으로, 남부 음식이다. 전라도는 평야지역에서 곡식, 채소가 수확되고 서해안과 남해안에서 물고기, 해산물이 생산된다. 양념이 풍부하게 사용되어 음식 맛이 강하고 간이 센 편인데 대표적인 음식으로는 고들빼기김치, 갓김치, 홍어찜, 전주비빔밥이 있다. 경상도는 평야지역에서 농산물이 수확되고 동해안과 남해안에서 물고기, 해산물이 생산된다. 양념이 풍부하게 사용되지 않지만 음식 맛이 맵고 간이 센 편인데 대표적인 음식으로는 동래파전, 아구찜, 전복김치, 들깨토란탕이 있다. | 한국 음식은 중부, 남부, 제주도의 음식으로 나뉜다. 이는 지역에 따른 구분이다. 중부 음식에는 서울·경기도, 강원도, 충청도 음식이 속하고 남부 음식에는 전라도, 경상도 음식이 속한다. 제주도 음식에는 제주도 지역만의 음식이 해당한다. 이처럼 각 지역의 음식은 모두 한국 음식이지만 서로 비슷하면서도 남다른 특징을 갖고 있다. 이를 차례로 살펴보겠다.<br><br>먼저, 중부 음식이다. 서울·경기도는 조선시대에 수도였으므로 궁중과 양반의 음식문화가 발달했다. 그 영향으로 인해 음식이 짜지도 맵지도 않은 편이다. 대표적인 음식으로는 설렁탕, 신선로, 조랭이떡국이 있다. 강원도는 산간지역에서 감자, 옥수수, 메밀이 생산되고 동해안에서 오징어, 명태가 잡힌다. 음식 맛이 소박하고 구수한 편인데 대표적인 음식으로는 감자부침, 메밀막국수, 오징어순대, 초당순두부가 있다. 충청도는 산간지역에서 산나물과 버섯이 나고 서해안에서 굴, 조개가 생산된다. 양념이 적게 사용되어 음식 맛이 담백한 편인데 대표적인 음식으로는 어리굴젓, 청국장, 올갱이국밥이 있다.<br><br>다음으로, 남부 음식이다. 전라도는 평야지역에서 곡식, 채소가 수확되고 서해안과 남해안에서 물고기, 해산물이 생산된다. 양념이 풍부하게 사용되어 음식 맛이 강하고 간이 센 편인데 대표적인 음식으로는 고들빼기김치, 갓김치, 홍어찜, 전주비빔밥이 있다. 경상도는 평야지역에서 농산물이 수확되고 동해안과 남해안에서 물고기, 해산물이 생산된다. 양념이 풍부하게 사용되지 않지만 음식 맛이 맵고 간이 센 편인데 대표적인 음식으로는 동래파전, 아구찜, 전복김치, 들깨토란탕이 있다. |

1. 위의 두 글은 어떤 차이가 있습니까?

2. 읽을 때 어느 쪽이 내용을 이해하기 쉽습니까?

## 문단이란 무엇인가?

　문단(文段, paragraph)이란 한 편의 글을 내용의 변화에 따라 여러 부분으로 크게 나눈 것을 말한다. 문단이 적절히 나뉘어 있으면 독자는 글을 더 쉽게 이해할 수 있다. 한 편의 글은 여러 개의 문단으로, 하나의 문단은 여러 개의 문장으로, 하나의 문장은 여러 개의 단어로 이루어진다.

　글 ← 문단+문단…… ← 문장+문장+문장…… ← 단어+단어+단어+단어……

　하나의 문단에는 글쓴이가 말하고자 하는 하나의 생각을 담는다. 이 생각을 소주제라고 하는데 글이 전체적으로 가지고 있는 주제의 한 부분을 이루기 때문이다. 문단에서 소주제는 보통 한 문장으로 표현되고 나머지 다른 문장들의 도움을 받는다. 이때 소주제를 담은 문장을 중심문장(소주제문)이라고 하고, 이를 도와주는 문장을 뒷받침문장이라고 한다. 문단은 보통 하나의 중심문장과 여러 개의 뒷받침문장으로 이루어진다.

　문단 = 중심문장+뒷받침문장+뒷받침문장+뒷받침문장……

　문단 내에서 중심문장과 뒷받침문장들은 서로 밀접하게 연결되고, 서로 논리적으로 연결되어야 한다. 그렇게 함으로써 문단이 통일성을 갖추게 되기 때문이다. 이렇게 통일성을 가진 문단들이 모여 한 편의 좋은 글을 이룬다.
　문단은 첫 줄에서 들여쓰기를 한다. 이때 들여쓰기란 왼쪽의 첫 칸을 비워 두고 나머지 다른 줄보다 안쪽에서 글을 쓰기 시작하는 것을 말한다.

다음으로, 남부 음식이다. 전라도는 평야지역에서 곡식, 채소가 수확되고 서해안과 남해안에서 물고기, 해산물이 생산된다. 양념이 풍부하게 사용되어 음식 맛이 강하고 간이 센 편인데 대표적인 음식으로는 고들빼기김치, 갓김치, 홍어찜, 전주비빔밥이 있다. 경상도는 평야지역에서 농산물이 수확되고 동해안과 남해안에서 물고기, 해산물이 생산된다. 양념이 풍부하게 사용되지 않지만 음식 맛이 맵고 간이 센 편인데 대표적인 음식으로는 동래파전, 아구찜, 전복김치, 들깨토란탕이 있다.

그다음으로, 제주도 음식이다. 제주도는 섬으로서 해안가에서 해산물이 잡히고 한라산에서 버섯, 고사리, 산나물이 난다. 음식 맛이 짜지도 맵지도 않으며 자연의 맛에 가까운 편인데 대표적인 음식으로는 옥돔미역국, 전복죽, 자리물회가 있다.

〈들여쓰기 ✕〉

다음으로, 남부 음식이다. 전라도는 평야지역에서 곡식, 채소가 수확되고 서해안과 남해안에서 물고기, 해산물이 생산된다. 양념이 풍부하게 사용되어 음식 맛이 강하고 간이 센 편인데 대표적인 음식으로는 고들빼기김치, 갓김치, 홍어찜, 전주비빔밥이 있다. 경상도는 평야지역에서 농산물이 수확되고 동해안과 남해안에서 물고기, 해산물이 생산된다. 양념이 풍부하게 사용되지 않지만 음식 맛이 맵고 간이 센 편인데 대표적인 음식으로는 동래파전, 아구찜, 전복김치, 들깨토란탕이 있다.

그다음으로, 제주도 음식이다. 제주도는 섬으로서 해안가에서 해산물이 잡히고 한라산에서 버섯, 고사리, 산나물이 난다. 음식 맛이 짜지도 맵지도 않으며 자연의 맛에 가까운 편인데 대표적인 음식으로는 옥돔미역국, 전복죽, 자리물회가 있다.

〈들여쓰기 ○〉

이렇게 들여쓰기를 하지 않으면 독자는 한 문단의 처음과 끝을 쉽게 파악할 수 없다. 그러므로 글쓴이는 들여쓰기를 통해 한 문단과 다른 문단을 적절히 구분해 주어야 한다. 또한 한 문단이 지나치게 길면 읽기도 이해하기도 어렵기 때문에 문단의 길이를 적절하게 조절해 주는 것이 좋다.

## 음식문화에는 우열이 없다

한국 음식은 중부, 남부, 제주도의 음식으로 나뉜다. 이는 지역에 따른 구분이다. 중부 음식에는 서울·경기도, 강원도, 충청도 음식이 속하고 남부 음식에는 전라도, 경상도 음식이 속한다. 제주도 음식에는 제주도 지역만의 음식이 해당한다. 이처럼 각 지역의 음식은 모두 한국 음식이지만 서로 비슷하면서도 남다른 특징을 갖고 있다. 이를 차례로 살펴보겠다.

먼저, 중부 음식이다. 서울·경기도는 조선시대에 수도였으므로 궁중과 양반의 음식문화가 발달했다. 그 영향으로 인해 음식이 짜지도 맵지도 않은 편이다. 대표적인 음식으로는 설렁탕, 신선로, 조랭이떡국이 있다. 강원도는 산간지역에서 감자, 옥수수, 메밀이 생산되고 동해안에서 오징어, 명태가 잡힌다. 음식 맛이 소박하고 구수한 편인데 대표적인 음식으로는 감자부침, 메밀막국수, 오징어순대, 초당순두부가 있다. 충청도는 산간지역에서 산나물과 버섯이 나고 서해안에서 굴, 조개가 생산된다. 양념이 적게 사용되어 음식 맛이 담백한 편인데 대표적인 음식으로는 어리굴젓, 청국장, 올갱이국밥이 있다.

다음으로, 남부 음식이다. 전라도는 평야지역에서 곡식, 채소가 수확되고 서해안과 남해안에서 물고기, 해산물이 생산된다. 양념이 풍부하게 사용되어 음식 맛이 강하고 간이 센 편인데 대표적인 음식으로는 고들빼기김치, 갓김치, 홍어찜, 전주비빔밥이 있다. 경상도는 평야지역에서 농산물이 수확되고 동해안과 남해안에서 물고기, 해산물이 생산된다. 양념이 풍부하게 사용되지 않지만 음식 맛이 맵고 간이 센 편인데 대표적인 음식으로는 동래파전, 아구찜, 전복김치, 들깨토란탕이 있다.

그다음으로, 제주도 음식이다. 제주도는 섬으로서 해안가에서 해산물이 잡히고 한라산에서 버섯, 고사리, 산나물이 난다. 음식 맛이 짜지도 맵지도 않으며 자연의 맛에 가까운 편인데 대표적인 음식으로는 옥돔미역국, 전복죽, 자리물회가 있다.

지금까지 살펴본 바와 같이 한국 각 지역의 음식은 서로 다른 특징을 보여 주었다. 지역에 따라 중부 음식, 남부 음식, 제주도 음식으로 나뉘었는데 음식의 맛과 대표적인 음식이 비슷하면서도 서로 달랐다. 이는 그 지역만의 자연환경과 거기에서 생산되는 식품 재료에 영향을 받은 결과였다. 한 나라의 음식문화만 해도 이렇게 다양한 특징을 보여 준다. 그러므로 어느 지역의 음식이 다른 지역들의 음식에 비해 뛰어나다고 말해서는 안 될 것이다. 그 대신에 각 지역 음식의 차이를 받아들이고 독특한 그 맛을 즐겨야겠다.

**1 글의 내용과 <u>다른</u> 것을 고르십시오.**

① 한국 각 지역의 음식은 서로 비슷하면서도 다른 특징이 있다.

② 한국 음식은 지역에 따라 중부, 남부, 제주도의 음식으로 구분된다.

③ 한국 음식 중 전라도, 경상도가 속하는 남부 음식의 맛이 가장 뛰어나다.

④ 각 지역의 자연환경과 식품 재료가 음식의 맛과 대표적인 음식에 영향을 주었다.

**2 지역별 음식의 특징을 맞게 연결해 보십시오.**

서울·경기도 ·    · 양념이 적게 사용되어 음식 맛이 담백한 편이다.

강원도 ·    · 양념이 풍부하게 사용되어 음식 맛이 강하고 간이 센 편이다.

충청도 ·    · 양념이 풍부하게 사용되지 않지만 음식 맛이 맵고 간이 센 편이다.

전라도 ·    · 음식 맛이 소박하고 구수한 편이다.

경상도 ·    · 음식 맛이 짜지도 맵지도 않으며 자연의 맛에 가까운 편이다.

제주도 ·    · 조선시대에 수도였으므로 궁중과 양반의 음식문화가 발달했다.

## 문단 나누기

하나의 문단에는 하나의 생각만 담는 것이 좋다. 여러 개의 생각을 한 문단에 담으면 내용이 너무 많고 글이 복잡해져서 읽기도 이해하기도 어렵다. 이런 경우에는 생각의 수만큼 문단을 나누어야 한다. 다음 두 글을 읽어 보자.

| ① 문단 나누기 전 | ② 문단 나누기 후 |
|---|---|
| 　한반도와 만주 지역이 원산지인 콩은 주변에서 쉽게 볼 수 있는 농작물이다. 우리 조상들은 단백질이 풍부한 콩으로 간장, 된장, 고추장과 같은 발효식품을 만들었다. 이러한 식품들의 단백질 분해과정(발효)에서 생긴 아미노산은 음식에 감칠맛을 더해 주고 다양한 미생물은 우리의 몸이 건강하게 도와준다. 한반도는 사계절의 구분이 뚜렷하여 계절마다 생산되는 해산물과 채소의 종류가 달랐다. 생선이 많이 잡히는 봄철에는 젓갈을 담가 저장해 두었다. 추운 겨울에는 식재료들을 구하기 어려웠으므로 김장을 담갔다. 사람들은 가족이나 이웃과 함께 김장을 하여 겨울철을 대비하였다. 젓갈은 반찬으로 먹거나 김장을 담글 때 썼다. 김장김치는 식량이라는 말이 있을 정도로 반찬으로서 겨울철 먹을거리가 되어 주었다. 그리고 사회구성원 사이의 결속과 공동체의식도 강화해 주었다. 이러한 문화적 가치를 인정받아 한국의 김장은 2013년 유네스코 인류무형문화유산으로 지정되었다. | 　한반도와 만주 지역이 원산지인 콩은 주변에서 쉽게 볼 수 있는 농작물이다. 우리 조상들은 단백질이 풍부한 콩으로 간장, 된장, 고추장과 같은 발효식품을 만들었다. 이러한 식품들의 단백질 분해과정(발효)에서 생긴 아미노산은 음식에 감칠맛을 더해 주고 다양한 미생물은 우리의 몸이 건강하게 도와준다.<br><br>　한반도는 사계절의 구분이 뚜렷하여 계절마다 생산되는 해산물과 채소의 종류가 달랐다. 생선이 많이 잡히는 봄철에는 젓갈을 담가 저장해 두었다. 추운 겨울에는 식재료들을 구하기 어려웠으므로 김장을 담갔다. 사람들은 가족이나 이웃과 함께 김장을 하여 겨울철을 대비하였다. 젓갈은 반찬으로 먹거나 김장을 담글 때 썼다. 김장김치는 식량이라는 말이 있을 정도로 반찬으로서 겨울철 먹을거리가 되어 주었다. 그리고 사회구성원 사이의 결속과 공동체의식도 강화해 주었다. 이러한 문화적 가치를 인정받아 한국의 김장은 2013년 유네스코 인류무형문화유산으로 지정되었다. |

①은 하나의 문단에 '우리 조상들은 단백질이 풍부한 콩으로 간장, 된장, 고추장과 같은 발효식품을 만들었다'는 하나의 생각과 '추운 겨울에는 식재료들을 구하기 어려웠으므로 김장을 담갔다'는 또 하나의 생각을 담고 있다. 그런데 문단이 지나치게 길어서 읽기도 이해하기도 어렵다. 문단은 ②처럼 생각의 수만큼 나누는 것이 좋다. 이렇게 들여쓰기를 하여 두 개로 나눈 문단은 문단별로 그 내용이 잘 정리된다. 이제 독자는 같은 내용의 글을 좀 더 쉽게 이해할 수 있을 것이다.

※ 다음 글을 생각의 수만큼 문단 나누기를 하십시오.

| ① 문단 나누기 전 | ② 문단 나누기 후 |
|---|---|
| 　한반도에는 조선시대 말에서 일제강점기에 일본과 서구의 음식문화가 유입되어 일상의 식생활에 자리를 잡았다. 신여성들을 위한 조리교육이 시작되었고, 영양과 위생을 고려한 식생활 개선운동이 일어났다. 화학조미료 아지노모토(味の素, Ajinomoto)가 일본에서 수입되어 음식의 맛을 내는 데 간편하게 사용되었다. 당면, 설탕, 통조림 등의 근대 식품 가공산업도 발달하였다. 해방 이후 1980년대에 들어 여성들의 사회 진출이 활발해졌다. 그 바람에 된장, 간장, 고추장 등의 장류와 김치가 공장에서 대량으로 생산되었다. 급속한 경제 성장과 도시화는 한국 사회에 핵가족이 크게 늘어나게 하였고 가공식품의 생산과 사용을 증가시켰다. 2000년대 이후에는 곳곳에서 대형마트가 생겨나 장을 보는 게 편해졌다. 특히, 인터넷 쇼핑몰이나 TV 홈쇼핑에서 신선한 식품을 구매하여 집에서도 빠르게 받아 볼 수 있게 되었다. 게다가 제사 음식, 명절 음식을 전문적으로 만들어 주는 업체들까지 등장하면서 현대 한국인의 식생활은 더욱 편리하게 바뀌어 가고 있다. | |

## 문단을 구성하는 방식

문단의 형식은 다양하지만 구성하는 방식은 서로 비슷하다. 즉, 문단은 중심문장(소주제문)과 이를 도와주는 뒷받침문장으로 이루어진다.

### 1 두괄식

중심문장이 문단의 처음에 오고, 이를 뒷받침하는 문장들이 뒤에 따라온다. 글쓴이는 처음에 쓴 중심문장에 맞춰 내용(뒷받침문장)을 구성하면 된다. 두괄식은 주제가 먼저 나오기 때문에 독자가 중심문장을 쉽게 찾을 수 있다는 장점이 있다.

<u>고추는 한국 음식에 없어서는 안 되는 식재료다.</u> 음식 조리를 위한 갖가지 양념에 고추가 활용되고 있다. 특히, 매운맛과 단맛을 함께 가지고 있어서 매운맛을 내는 요리나 반찬에 많이 쓰인다. 예를 들면 각종 국, 탕, 전골과 볶음, 조림, 김치 등이다.

### 2 미괄식

중심문장이 문단의 끝에 온다. 미괄식은 두괄식에 비해 주제를 찾는 게 쉽지 않다. 하지만 글이 끝날 때까지 독자의 호기심을 유지시킬 수 있다는 장점이 있다.

예전에는 음식을 조리하는 장소와 먹는 장소가 가정 안으로서 같았다. 일상의 음식뿐만 아니라 돌잔치, 환갑잔치와 같은 특별한 날을 위한 음식도 가정에서 준비하였다. 그런데 현대사회에 들어오면서 가정 밖인 학교나 직장에서 음식을 먹기도 하고 가정에서 배달 음식을 먹기도 하였다. 이에 따라 <u>집 밖에서 음식을 먹는 '외식'이 일상화되고 있다.</u>

## 3  양괄식

중심문장이 문단의 처음과 끝에 각각 제시된다. 문단 처음에 나온 중심문장을 문단 끝에서 다시 한 번 강조하는 방식이다. 양괄식은 소주제문이 두 번이나 나오기 때문에 독자가 지루함을 느낄 수 있지만 주제를 강조한다는 장점이 있다.

앞으로 <u>간편식은 단순히 한 끼 식사를 대신하는 것이 아니라 요리하는 즐거운 '경험'을 제공하게 될 것이다.</u> 다양한 밀 키트(meal kit, 식사 키트)는 혼자 조리할 수 없었던 요리를 즐길 수 있도록 해주고 있다. 빠른 배송 서비스는 기본이고 원재료 손질까지 미리 해 주면서 소비자들이 다양한 요리를 손쉽게 해서 먹을 수 있도록 하고 있는 것이다. 이처럼 <u>요리하는 즐거운 '경험'을 선사하기 위한 간편식 서비스가 더욱 늘어날 전망이다.</u>

**1  중심문장을 찾아서 밑줄을 그으십시오.**(두괄식)

인간의 식생활은 '조리'와 '더불어 먹기'를 한다는 점에서 동물의 식생활과 크게 구별된다. 먼저, 동물은 먹을거리를 그대로 먹는 반면, 인간은 그것을 어떤 방식으로든 '조리'해서 먹는다. 그로 인해 인간 사회에서는 불, 물, 기름 등을 이용한 굽기, 삶기, 찌기, 튀기기, 볶기 등의 다양한 조리법이 발달하였다. 다음으로, 동물은 먹을거리를 혼자서 먹는 반면, 인간은 그것을 남과 나누어 먹는다. '더불어 먹기'는 공식(共食)이라고도 하는데, 이를 통해 인간은 사회구성원 사이의 단결과 친목을 도모해 왔다.

**2  중심문장을 찾아서 밑줄을 그으십시오.**(미괄식)

특정 음식에 대해 혐오감을 느끼는 사람들이 있다. 그들은 자신이 먹을 수 없는 것을 다른 사람이 먹을 때 그 사람을 이상한 눈으로 보기도 한다. 자신이 속한 문화를 기준으로 삼아 그를 이해하고 판단하기 때문이다. 이처럼 자기 문화를 기준으로 삼아 다른 문화를 이해하고 판단하는 시각을 '자문화 중심주의'라고 한다.

**3  중심문장을 찾아서 밑줄을 그으십시오.**(양괄식)

한국에서 외식은 예전에도 있었지만 매우 드물고 특별한 일이었다. 1970년대까지만 해도 한국은 경제 사정이 좋지 않았다. 특히, 정부에서 근검절약을 강조했기 때문에 일반 가정에서는 외식을 쉽게 꿈꾸지 못했다. 이러한 까닭에 입학식이나 졸업식과 같은 특별한 경우에만 외식을 할 수 있었다. 그때 먹은 음식도 짜장면이 최고였다. 1970년대까지 한국 사회에서 식사는 대부분 가정을 중심으로 이루어졌다. 그러므로 외식을 할 기회는 거의 없었고 이는 아주 특별했다고 할 수 있다.

## 문단 완성하기

문단은 보통 하나의 중심문장과 여러 개의 뒷받침문장으로 이루어진다. 뒷받침문장이 중심문장을 도와 문단을 완성하는 방식으로는 예시, 상술, 논증이 있다. 예시는 예를 들어서 설명하는 것, 상술은 자세히 설명하는 것, 논증은 논리적으로 증명하는 것이다. 다음 글은 예시로 이루어져 있는데 ②, ③, ④에서 중심문장은 첫 번째 문장이다.

①  한국 음식은 각 지역의 자연환경에 따라 활용되어 온 식재료가 달랐고 조리법도 차이를 보였다. 특히, 그 지역이 겪은 정치, 경제, 문화적인 변화에 영향을 받아 다른 지역의 음식과는 다른 맛과 형태를 지니게 되었다. 지역성, 고유성, 의례성 등의 특징을 담아 각 지역의 음식이 발전한 것이다. 이를 세 가지로 살펴보겠다.

②  첫째, 특정 지역의 특산품을 이용하여 발달한 음식이다. <u>그 예로 영광굴비를 들 수 있다. 영광은 전라남도 북서부 해안에 있는 군이고, 조기는 소금에 약간 절여서 통째로 말린 조기를 말한다.</u>

③  둘째, 특정 지역이나 그 부근에서 대량 생산된 식품에 독특한 조리법이 결합되어 발달한 음식이다. <u>그 예로 춘천막국수와 속초의 오징어순대를 들 수 있다. 춘천은 관광지로 유명한 강원도 서쪽 중앙에 있는 호수의 도시이고, 막국수는 겉껍질만 벗겨 낸 거친 메밀가루로 굵게 뽑아 만든, 거무스름하고 구수한 국수를 말한다. 속초는 강원도 북부 동해안에 있는 시이고, 오징어순대는 오징어 몸통에 쇠고기, 풋고추, 두부, 숙주나물을 다져서 갖은 양념을 넣고 끝을 이쑤시개 따위로 막은 다음 쪄 낸 음식을 말한다.</u>

④  셋째, 특정 지역의 의례나 행사와 관련하여 발달한 음식이다. <u>그 예로 설렁탕을 들 수 있다. 조선시대에 임금은 한양의 선농단(先農壇)에서 농사가 잘되기를 바라며 직접 제사를 지냈다. 이 행사 후 만든 고깃국을 '선농탕'이라 부른 데에서 설렁탕이 유래했다고 한다. 설렁탕은 소의 머리, 내장, 뼈다귀, 다리 부분 따위를 국물이 뽀얗게 되도록 푹 고아서 만든 국인데, 여기에 밥을 말고 소금, 고춧가루, 파 따위를 넣어 먹는 음식이다.</u>

위처럼 중심문장인 '특정 지역의 특산품을 이용하여 발달한 음식이다.'와 '특정 지역이나 그 부근에서 대량 생산된 식품에 독특한 조리법이 결합되어 발달한 음식이다.' 그리고 '특정 지역의 의례나 행사와 관련하여 발달한 음식이다.'에 맞추어 이를 도와주는 뒷받침문장을 구성하였다. 그렇게 하자 ②, ③, ④ 모두 ①처럼 한 문단으로 완성되었고 각각 하나의 생각을 담아서 잘 드러내게 되었다.

※ 다음 글 ②~④에 제시된 중심문장에 뒷받침문장을 맞추어 써서 ①처럼 문단을 완성하십시오.

　① 이제 한국 라면은 전 세계 어느 나라에서나 즐겨 먹게 되었다. 김치는 코로나19 증상을 완화하는 면역증강식품으로 알려지면서 세계인의 호응을 받고 있다. 또한 간장과 고추장은 수출이 증가했는데, 이는 한식을 다룬 K-드라마가 인기를 끈 것과 관련이 있었다. 해외 시청자가 한식을 직접 만들어 보려고 간장이나 고추장을 구매한 까닭이다. 이와 같은 상황에서 한식이 세계 속에 더욱더 퍼지게 하려면 어떻게 해야 할까?

　② 첫째, 한국 식품의 수출 활성화 전략을 마련해야 한다. ＿＿＿＿＿＿＿

＿＿＿＿＿＿＿＿＿＿＿＿＿＿＿＿＿＿＿＿＿＿＿＿＿＿＿＿＿＿＿＿＿＿

＿＿＿＿＿＿＿＿＿＿＿＿＿＿＿＿＿＿＿＿＿＿＿＿＿＿＿＿＿＿＿＿＿＿

＿＿＿＿＿＿＿＿＿＿＿＿＿＿＿＿＿＿＿

　③ 둘째, 해외에서 운영되는 한식당을 활성화시켜야 한다. ＿＿＿＿＿＿

＿＿＿＿＿＿＿＿＿＿＿＿＿＿＿＿＿＿＿＿＿＿＿＿＿＿＿＿＿＿＿＿＿＿

＿＿＿＿＿＿＿＿＿＿＿＿＿＿＿＿＿＿＿＿＿＿＿＿＿＿＿＿＿＿＿＿＿＿

＿＿＿＿＿＿＿＿＿＿＿＿＿＿＿＿＿＿＿＿＿＿＿＿＿

　④ 셋째, 한국 식품에 대한 과학적인 뒷받침을 해 줘야 한다. ＿＿＿＿＿

＿＿＿＿＿＿＿＿＿＿＿＿＿＿＿＿＿＿＿＿＿＿＿＿＿＿＿＿＿＿＿＿＿＿

＿＿＿＿＿＿＿＿＿＿＿＿＿＿＿＿＿＿＿＿＿＿＿＿＿＿＿＿＿＿＿＿＿＿

＿＿＿＿＿＿＿＿＿＿＿＿＿＿＿＿＿＿＿＿＿＿＿＿＿＿＿＿＿＿＿＿＿＿

＿＿＿＿＿＿＿＿＿＿＿＿＿＿＿＿＿＿＿＿＿＿＿＿＿＿＿＿＿＿＿＿＿＿

## 글쓰기

## 문단 완성하기

**1** 여러분의 나라를 대표하는 음식에 대한 글을 쓰려고 합니다. 중심문장과 뒷받침 문장을 쓰십시오.

중심문장:
_____

뒷받침문장 1:
_____

뒷받침문장 2:
_____

뒷받침문장 3:
_____

뒷받침문장 4:
_____


**2** 위의 내용을 바탕으로 한 문단을 완성하십시오.

*조건: 문단 들여쓰기, 문어체로 쓰기

_____

_____

_____

_____

_____

_____

_____

_____

**1  문단 나누기**

한 편의 글은 내용의 변화에 따라 들여쓰기를 하여 문단을 나눈다.

**2  문단을 구성하는 방식**

문단은 중심문장(소주제문)의 위치에 따라 두괄식, 미괄식, 양괄식으로 구분된다.

**3  문단 완성하기**

중심문장과 여러 개의 뒷받침문장으로 문단을 완성한다.

## 새 단어

가공식품

간편식

감칠맛

갖가지

개선하다

거무스름하다

게재하다

결속

고유성

공동체의식

구수하다

근검절약

근대

급속하다

남다르다

농작물

다지다

단결

단백질

더불어

먹을거리

면역증강식품

미생물

발효식품

뽀얗다

선사하다

선정하다

성인병

손질하다

수확되다

식생활

식재료

신선하다

영양

외식

원산지

원재료

위생

유입되다

의례성

장류

전략

젓갈

조리하다

지역성

친목

통일성

특산품

해산물

현지인

혐오감

화학조미료

활성화

활용되다

효능

## 문장 호응 (2)

**부사의 호응**

부사는 동사나 형용사, 다른 부사 앞에서 쓰이면서 그것들의 뜻을 정해 주는 말이다. 부사 중에는 부정어(否定語, a negative)나 특별한 표현과 함께 쓰이는 것들이 있기 때문에 이를 주의해야 한다.

1. 결코: '아니다', '없다', '못하다' 등의 부정어와 함께 쓰여 '어떠한 경우라도'라는 뜻으로 사용된다.

   그것은 <u>결코</u> 우연한 일이 <u>아니었다</u>.

2. 그다지: '않다', '모르다', '없다' 등과 함께 쓰여 '별로 그렇게까지'라는 뜻으로 사용된다.

   <u>그다지</u> 문제가 되지 <u>않는다</u>.

3. 얼마나

   ① 의문문에 쓰여 수량이나 정도를 물어보는 데 사용된다.

   <u>얼마나</u> 많은 사람이 여기에 왔을까?

   ② '-은지, -는지, -을지'와 함께 쓰여 수량이나 분량 또는 수준이 어느 정도인지 물을 때 사용된다.

   어제 얼마나 <u>추웠는지</u> 아니?

③ '-은지, -는지, -을지'와 함께 쓰여 그 정도가 대단하다는 점을 강조하기 위해 사용된다.

그가 갑자기 나타나서 얼마나 <u>놀랐는지</u> 몰라.

4. 여간: 부정어와 함께 쓰여 '어지간히 생각할 정도로'라는 뜻으로 사용된다.

여자 혼자서 아이를 키운다는 게 <u>여간</u> 어려운 일이 <u>아니다</u>.

5. 절대로:

① 주로 부정어와 함께 쓰여 '어떤 일이 있더라도'라는 뜻으로 사용된다.

세상에 <u>절대로</u> 공짜라는 것은 <u>없다</u>.

② '무슨 일이 있어도 반드시', '어떠한 일이 있더라도 꼭'이라는 뜻으로 사용된다.

당신의 협조가 <u>절대로</u> 필요합니다.

## 서술형 답안지

서술형이란 문제에 대해 답이라고 생각하는 것을 직접 서술(敍述, description)하는 방식이다. 응시자는 주관식 시험에서 단계에 맞게 서술형 답안을 작성해야 한다.

### 1단계 문제 파악하기

① 문제의 의미가 무엇인지 이해한다.

② 문제의 유형이 무엇인지 파악한다.

-요약형: 어떤 글에서 중요한 부분을 찾아 요약해야 하는 문제이다.

〈문제〉 다음 글을 300자 내외로 요약하시오.

-설명형: 어떤 대상이나 정보에 대해 정확하게 설명해야 하는 문제이다.

〈문제〉 한국과 여러분 나라의 음식문화 차이에 대해 비교하여 설명하시오.

-논술형: 어떤 주제에 대해 자신의 의견을 논리적으로 서술해야 하는 문제이다.

〈문제〉 평일에 지하철 내 자전거 탑승 금지에 대한 자신의 입장을 논하시오.

③ 문제에 맞는 정확한 답이 무엇인지 생각한다.

### 2단계 개요 구성하기

① 세 부분(서론-본론-결론)으로 개요를 작성한다.

② 문단들이 모여 한 편의 글을 이룰 수 있도록 한다.

③ 분량이 지나치게 적거나 많지 않고 적당하도록 한다.

**3단계 답안 작성하기**

① 구어체 표현을 쓰지 않는다.

② 간결하고 정확한 문장을 사용한다.

③ 단어나 구, 절이 아닌 문장으로 쓴다.

④ 모든 문장은 '-다'를 사용하여 끝맺는다.

⑤ 글씨는 잘 읽을 수 있도록 또박또박하게 쓴다.

⑥ 서론/본론/결론이 잘 구분되도록 들여쓰기를 한다.

# 3

# 글쓰기의 실제

# 6장

# 설명하는 글

설명하는 글의 구조와 특징을 이해한다.
대상에 대하여 독자가 이해할 수 있도록 설명하는 글을 쓴다.

1. 어떠한 대상을 다른 사람에게 알려주기 위해서는 어떻게 해야 합니까?

2. 어떠한 내용을 다른 사람에게 알려줄 때 가장 중요한 요소는 무엇입니까?

## 설명하는 글이란 무엇인가?

설명(說明, explanation)이란 어떤 사물이나 사건에 대한 정보나 지식, 원리와 개념 등을 자세히 풀어서 독자들이 쉽게 이해할 수 있도록 서술하는 것이다. 설명은 대상을 잘 모르는 독자도 쉽게 이해할 수 있도록 대상의 이름을 풀어서 뜻을 해석하거나 어려운 개념을 쉬운 말로 바꾸어 주는 방법이 가장 일반적이다. 넓게 보면 설명은 휴대폰 사용 설명서와 같은 제품 설명서, 관광지에서 볼 수 있는 관광 안내문, 인터넷이나 신문에서 자주 보게 되는 광고와 기사 등과 같이 정보 전달을 목적으로 하는 것들을 모두 의미한다고 볼 수 있다.

설명하는 글은 정보를 전달하여 독자들에게 대상을 정확하게 이해시키는 것을 주된 목적으로 한다. 객관적이고 정확한 정보를 전달해야 하기 때문에 설명문은 일반적으로 서술하는 어휘와 표현이 사전적이고 지시적이어야 한다. 또한 추상적인 개념을 설명할 때에는 구체적이고 사실성이 있는 예를 사용해야 한다. 독자들이 예를 통하여 글에서 설명하는 개념을 이해할 수 없다면 글의 목적은 달성되지 못한 것이다.

설명문을 작성하기 위해서는 가장 먼저 설명할 대상을 정해야 한다. 이 대상은 글쓴이가 관심을 가지고 있거나 잘 알고 있는 것으로 선정하는 것이 좋다. 만약 글쓴이가 대상에 대하여 충분히 이해하지 못하여 부정확한 사실이나 잘못된 지식을 전달하게 된다면 설명하는 글은 의미를 잃게 된다. 또한 설명할 대상은 사람들이 관심과 흥미를 가질 수 있는 것으로 선정해야 한다. 아무리 글쓴이가 잘 알고 있는 대상을 객관적으로 잘 설명한 글이라고 하더라도, 그 대상에 대하여 다른 사람들이 흥미를 가지지 않는다면 좋은 설명문이라고 할 수 없기 때문이다.

설명하는 글의 서론은 설명할 대상에 대하여 간략하게 소개하는 내용으로 이루어진다. 이때, 독자들이 서론을 읽으며 설명할 대상에 대하여 관심을 가질 수 있도록 설명 대상의 중요성에 대하여 언급하거나 글쓴이의 경험 및 일화를 소개하는 것도 좋다. 설명하는 글의 본론은 본격적으로 대상에 대한 설명이 이루어지는 부분이다. 이때, 설명 대상에 따라서 시간의 순서대로 과거의 일부터 현재, 미래로 이어지도록 글을 전개하는 방법과 시간의 흐름과는 관계없이 대상을 자세히 관찰하거나 대상을 특성에 따라서 분류하여 설명하며 글을 전개하는 방법이 있다. 결론에서는 본론의 내용을 간단히 요약하거나 설명 대상 혹은 글의 의의를 강조하며 마무리를 한다.

## 한국어의 된소리와 거센소리

한국어를 배우는 외국인 학생들이 가장 구별하기 어려운 한국어 발음은 무엇일까? 바로 한국어 자음의 된소리와 거센소리다. 된소리와 거센소리의 구분은 한국어 자음의 가장 큰 특징 중 하나이기 때문에 한국어를 공부하는 과정에서 반드시 익혀야 하는 발음이다. 하지만 한국어를 배울 때 외국인 학생들이 가장 어려워하는 발음 또한 이 거센소리와 된소리이다. 이 글에서는 한국어의 된소리와 거센소리가 무엇인지에 대하여 살펴보고, 외국인 학생들이 한국어의 된소리와 거센소리, 예사소리를 구별하기 어려워하는 이유를 알아볼 것이다.

한국어의 자음은 된소리와 거센소리, 그리고 예사소리로 구분할 수 있다. 된소리란 목의 근육을 긴장하며 공기를 많이 내뿜지 않고 발음하는 자음을 말한다. 예를 들어, 한국어의 '빵'이라는 단어를 발음하면 'ㅃ'을 발음하기 위하여 목의 근육이 강한 긴장을 하게 되는데, 이때 발음되는 'ㅃ'이 바로 된소리인 것이다. 거센소리는 발음을 할 때 공기를 많이 내뿜으며 터트리는 자음이다. 만약 휴지를 한 장 뜯어서 입 앞에 두고 '팥빵'이라는 단어를 발음해 보면, '팥'을 발음할 때는 휴지가 입의 바람에 의해 많이 흔들리지만 '빵'을 발음할 때는 휴지가 거의 흔들리지 않는 것을 볼 수 있다. 이때 공기를 많이 내뿜으며 발음하는 '팥'의 'ㅍ'을 거센소리의 예로 들 수 있다. 예사소리는 목의 근육을 긴장하지 않고 공기도 내뿜지 않으며 발음되는 자음이다. '방'과 같은 단어의 'ㅂ'을 예로 들 수 있다.

그렇다면 한국어의 된소리와 거센소리를 구별하기 어려운 이유는 무엇일까? 그 이유는 한국어 자음의 된소리와 거센소리, 예사소리 구분이 세계적으로 볼 때 드문 것이기 때문이다. 그 예로, 영어에서는 거센소리와 예사소리를 구분하지 않는다. 한국어는 '팔'과 '발'이 다른 단어인 것처럼 자음의 발음이 거센소리인지 예사소리인지에 따라 단어의 의미가 달라진다. 하지만 영어는 'pole'을 거센소리나 예사소리로 발음한다고 해서 단어의 뜻이 달라지지 않는다. 그렇기 때문에 영어권 학생들은 본인들의 모국어를 발음할 때 거센소리와 예사소리를 구분하여 발음할 필요가 없고, 한국어의 예사소리와 거센소리를 구별하는 데 어려움을 겪을 수밖에 없다. 이와 유사하게, 중국어, 일본어, 베트남어 등 대부분의 언어에도 된소리와 거센소리, 예사소리의 구분이 없다. 따라서 한국어를 배우는 많은 학생들이 본인의 모국어에서는 구분하지 않는 발음인 된소리와 거센소리를 익혀야 하는 어려움을 겪게 되는 것이다.

지금까지 살펴본 것과 같이 된소리와 거센소리, 예사소리의 구분은 한국어를 배우는 외국인 학생들이 가장 익히기 어려운 것 중 하나이다. 하지만 동시에 이것은 한국어 자음의 가장 큰 특징이라고 할 수 있다. 된소리와 거센소리를 구분하지 못한다면 한국어 말하기와 듣기를 수월하게 할 수 없는 것이다. 그렇기 때문에 처음에는 익숙하지 않더라도 시간을 들여서 충분히 익혀야 한다.

**1**  된소리와 거센소리에 대한 다음 보기 중 위 글과 <u>다른</u> 것은 무엇입니까?

① 된소리를 발음하면 목의 근육이 긴장한다.

② 영어 화자는 된소리와 거센소리를 익힐 때 유리하다.

③ 된소리와 거센소리, 예사소리를 구분하는 언어가 매우 많다.

④ 입 앞에 휴지를 두고 거센소리를 발음하면 휴지가 흔들린다.

**2**  다음 단어 중 거센소리가 포함되지 <u>않은</u> 것은 무엇입니까?

① 파리          ② 팥빵          ③ 뿌리          ④ 바퀴

## 정의하기/나열하기

### 1   정의하기

'정의'는 설명하는 대상의 의미를 분명하게 밝혀서 정해주는 것을 의미한다. 설명하는 글을 작성하기 위해서는 설명 대상을 정의하기 위한 다음과 같은 표현을 자주 사용하게 된다.

1) A는 B이다

> 거센소리는 발음을 할 때 공기를 많이 내뿜으며 터트리는 자음이다.
> 체언은 문장에서 조사의 도움을 받아 주체의 역할을 하는 단어이다.

2) A란 B를 말한다(의미한다, 뜻한다)

> 된소리란 목의 근육을 긴장하며 공기를 많이 내뿜지 않고 발음하는 자음을 말한다.
> 용언이란 문장에서 서술어의 기능을 하는 동사, 형용사를 통틀어 이르는 말을 의미한다.

### 2   나열하기

설명하는 대상이 여럿인 경우, 혹은 여러 가지 사건이나 대상을 설명할 때에는 해당 대상들을 순서대로 나열하는 표현을 사용해야 한다.

1) 첫째, 둘째, 셋째,

> 한국어의 된소리와 거센소리를 구분하기 어려운 이유는 첫째, 한국어의 된소리와 거센소리 구분은 세계적으로 일반적이지 않기 때문이다. 둘째, 된소리와 거센소리가 없는 언어가 모국어인 사람들은 그 발음을 들어서 구분하기가 쉽지 않기 때문이다. 셋째, 된소리와 거센소리가 있는 언어라고 해도 언어마다 그 소리가 조금씩은 다르기 때문이다.

2) 먼저, 다음으로, 마지막으로(끝으로),

　　한국어 듣기를 잘하기 위해서는 <u>먼저</u>, 한국 사람들과 대화를 많이 해 보는 것이 중요하다. 한국말이 서투른 상태에서 갑자기 한국 사람과 대화하는 것이 많이 긴장될 수 있지만, 직접 대화하는 경험을 늘리는 것이 듣기 실력을 높이는 가장 좋은 방법이다. <u>다음으로</u>, 한국 드라마를 보는 것이 도움이 된다. 드라마를 통하여 행동을 눈으로 보면서 한국어를 들을 수 있기 때문에 효과적으로 듣기 경험을 할 수 있다. <u>마지막으로</u>, 한국 음악을 자주 듣는 것이 좋다. 눈으로는 보지 않고 듣기만 하기 때문에 드라마보다 효과적으로 한국어 듣기를 할 수는 없지만, 언제나 쉽게 접근할 수 있다는 장점이 있다.

**1** 보기의 표현을 사용하여 문장을 완성하십시오.

보기   A는 B이다            A란 B를 말한다(의미한다, 뜻한다)

A: 한국어학

B: 한국어를 과학적으로 연구하는 학문

⇒ 한국어학은 한국어를 과학적으로 연구하는 학문이다.

⇒ 한국어학이란 한국어를 과학적으로 연구하는 학문을 뜻한다.

1) A: 관형사

B: 명사의 내용을 자세히 꾸며주는 품사

---

---

2) A: 방언

B: 지역이나 계층에 따라 다른 각각의 언어 체계

---

---

## 2  보기의 표현을 사용하여 문장을 완성하십시오.

> **보기**  첫째, 둘째, 셋째,          먼저, 다음으로, 마지막으로(끝으로),

한국어의 특징
① 조사와 어미 존재
② 예사소리와 된소리, 거센소리의 구분
③ 서술어가 문장의 제일 끝에 위치
⇒ 한국어의 특징으로는 첫째, 조사와 어미가 존재한다. 한국어는 문장에서 단어가 쓰일 때 명사에는 조사, 동사와 형용사에는 어미가 결합하여 나타난다. 둘째, 예사소리와 된소리, 거센소리의 구분이 존재한다. 'ㄱ/ㄲ/ㅋ, ㄷ/ㄸ/ㅌ, ㅂ/ㅃ/ㅍ'와 같이 자음을 구분하여 사용하는 것이다. 셋째, 서술어가 문장의 제일 끝에 위치한다. 한국어의 문장은 '주어-목적어-서술어' 순서로 이루어져, "나는 너를 사랑해."와 같은 형식으로 문장이 구성된다.

1) 한국어 듣기를 잘하기 위한 방법
　① 한국인과 대화하기
　② 한국 드라마 보기
　③ 한국 노래 듣기

_____

_____

_____

_____

_____

_____

_____

_____

## 예를 들어 설명하기

    설명하는 글을 작성할 때 가장 중요한 것 중 하나는 독자가 설명하는 대상을 쉽게 이해할 수 있도록 하는 것이다. 따라서 설명하는 대상을 보다 쉽게 풀어서 서술하는 것이 중요한데, 가장 대표적인 방법은 예를 들어서 대상을 설명하는 것이다. 예를 들어서 설명하는 데는 다음과 같은 표현들이 자주 사용된다.

1) 예를 들면(들어),

    된소리란 목의 근육을 긴장하며 공기를 많이 내뿜지 않고 발음하는 자음을 말한다. <u>예를 들면,</u> 한국어의 '빵'이라는 단어를 발음하면 'ㅃ'을 발음하기 위하여 목의 근육이 강한 긴장을 하게 되는데, 이때 발음되는 'ㅃ'이 바로 된소리인 것이다.

2) 그 예로,

    한국어 자음의 된소리와 거센소리, 예사소리 구분은 세계적으로 볼 때 드문 것이다. <u>그 예로,</u> 영어와 중국어에서는 된소리와 거센소리, 예사소리를 구분하지 않는다.

3) A의 예로 B를 들 수 있다(B를 A의 예로 들 수 있다)
   A의 예로 B가 있다

    거센소리<u>의 예로</u> '팥빵'의 'ㅍ'을 들 수 있다.
    된소리<u>의 예로</u> '팥빵'의 'ㅃ'이 있다.

※ 보기의 표현을 사용하여 문장을 완성하십시오.

> **보기**     예를 들면(들어),     A의 예로 B를 들 수 있다(B를 A의 예로 들 수 있다)
>
>            그 예로,           A의 예로 B가 있다

설명할 대상: 관형사

예: '헌 책'의 '헌'

⇒ 관형사란 명사의 내용을 자세히 꾸며주는 품사를 말한다. 예를 들면, '헌 책'의 '헌'이
명사 '책'의 내용을 자세히 꾸며주는 역할을 하는 관형사이다.

⇒ 관형사란 명사의 내용을 자세히 꾸며주는 품사를 말한다. '헌 책'의 '헌'을 관형사의 예
로 들 수 있다.

1) 설명할 대상: 한국의 봄 꽃

     예: 개나리, 진달래, 민들레

_____

_____

_____

_____

2) 설명할 대상: 방언에 따른 한국어의 단어 차이

　예: 중부 방언의 김치 / 동남 방언의 짐치

## 구분하기

여러 대상을 설명할 때 어떤 기준으로 대상을 나누어 구분하거나 같은 종류끼리 묶어 분류하는 표현을 사용할 수 있다. 대상을 구분하거나 분류할 때에는 다음과 같은 표현을 사용한다.

1) A에는 B와 C, D가 있다

> 한국어의 자음에는 된소리와 거센소리, 예사소리가 있다.
> 한국의 국수에는 잔치국수와 비빔국수, 칼국수가 있다.

2) A로는 B와 C, D를 들 수 있다

> 한국어의 거센소리로는 'ㅍ', 'ㅌ', 'ㅊ', 'ㅋ'를 들 수 있다.
> 한국의 면 요리로는 국수, 냉면, 밀면, 쫄면 등을 들 수 있다.

3) A는 (크게) B와 C로 구분할 수 있다(나눌 수 있다, 분류할 수 있다)

> 한국의 인스턴트 라면은 크게 컵라면과 봉지라면으로 구분할 수 있다.
> 한국의 냉면은 평양냉면과 함흥냉면으로 분류할 수 있다.

## 연습하기 3

※ 보기의 표현을 사용하여 문장을 완성하십시오.

> **보기**
> A에는 B와 C, D가 있다     A로는 B와 C, D를 들 수 있다
> A는 (크게) B와 C로 구분할 수 있다(나눌 수 있다, 분류할 수 있다)

대상: 한국어의 모음
구분/분류: 단모음, 이중모음

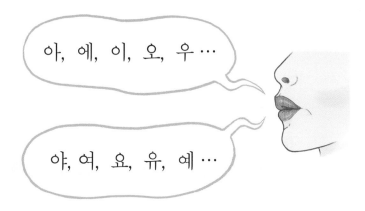

⇒ 한국어의 모음<u>에는</u> 단모음<u>과</u> 이중모음<u>이</u> 있다.
⇒ 한국어의 모음<u>은</u> 크게 단모음<u>과</u> 이중모음<u>으로</u> 구분할 수 있다.

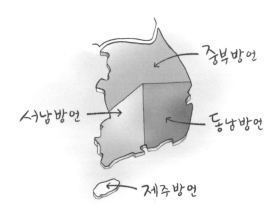

1) 대상: 한국어의 방언

　구분/분류: 중부 방언, 동남 방언, 서남 방언, 제주 방언

_____

_____

_____

_____

2) 대상: 한국어의 모음

　구분/분류: 원순 모음, 비원순 모음(평순 모음)

_____

_____

_____

_____

## 문단 쓰기

※ 다음의 예를 참고하여 '자국어 자음의 특징'을 설명하는 한 문단의 글을 작성하십시오.

- 정의하기/나열하기: A는 B이다, A란 B를 말한다(의미한다, 뜻한다),
  첫째, 둘째, 셋째, 먼저, 다음으로, 마지막으로(끝으로),
- 예를 들어 설명하기: A의 예로 B를 들 수 있다(B를 A의 예로 들 수 있다),
  A의 예로 B가 있다, 예를 들면(들어), 그 예로,
- 구분하기: A에는 B와 C, D가 있다, A로는 B와 C, D를 들 수 있다,
  A는 (크게) B와 C로 구분할 수 있다(나눌 수 있다, 분류할 수 있다)

한국어의 자음은 된소리와 거센소리, 그리고 예사소리로 구분할 수 있다. 된소리란 목의 근육을 긴장하며 공기를 많이 내뿜지 않고 발음하는 자음을 말한다. 예를 들어, 한국어의 '빵'이라는 단어를 발음하면 'ㅃ'을 발음하기 위하여 목의 근육이 강한 긴장을 하게 되는데, 이때 발음되는 'ㅃ'이 바로 된소리인 것이다. 거센소리는 발음을 할 때 공기를 많이 내뿜으며 터트리는 자음이다. 만약 휴지를 한 장 뜯어서 입 앞에 두고 '팥빵'이라는 단어를 발음해 보면, '팥'을 발음할 때는 휴지가 입의 바람에 의해 많이 흔들리지만 '빵'을 발음할 때는 휴지가 거의 흔들리지 않는 것을 볼 수 있다. 이때 공기를 많이 내뿜으며 발음하는 '팥'의 'ㅍ'을 거센소리의 예로 들 수 있다. 예사소리는 목의 근육을 긴장하지 않고 공기도 내뿜지 않으며 발음되는 자음이다. '방'과 같은 단어의 'ㅂ'을 예로 들 수 있다.

**1** 자국어 말소리의 특징'에 대하여 설명하는 글을 작성하려고 합니다. 다음 표에 따라 내용을 조직하고 개요를 작성하십시오.

1) 내용 조직하기

| | | |
|---|---|---|
| 글<br>감<br>생<br>성<br>하<br>기 | | |
| 내<br>용<br>정<br>리<br>하<br>기 | | |

## 2) 개요 작성하기

| | |
|---|---|
| 제목 | |
| 주제문 | |
| 서론 | |
| 본론 | |
| 결론 | |

**2** '자국어 말소리의 특징'을 설명하는 글을 작성하십시오.

| 제목: | | | |
|---|---|---|---|
| 학과: | 학번: | 이름: | 제출일:    년    월    일 |

_____

_____

_____

_____

_____

_____

_____

_____

_____

_____

_____

_____

_____

_____

_____

_____

_____

_____

## 글쓰기 자가 평가표

| 구분 | 평가 내용 | ○ | △ | × |
|---|---|---|---|---|
| 전체 | 1. 글의 주제가 잘 드러나 있는가? | | | |
| | 2. 주제에서 벗어난 내용은 없는가? | | | |
| | 3. 개요와 비교했을 때 빠뜨리거나 달라진 부분이 있는가? | | | |
| | 4. 서론-본론-결론이 분명하게 드러나는가? | | | |
| | 5. 객관적이고 다양한 자료를 제시하였는가? | | | |
| 문단 | 1. 문단과 문단의 연결이 자연스러운가? | | | |
| | 2. 각 문단의 중심 내용이 잘 드러나는가? | | | |
| | 3. 문단이 적절하게 나뉘어 있는가? | | | |
| 표현 | 1. 문어체로 쓰여 있는가? | | | |
| | 2. 문장의 연결이 자연스러운가? | | | |
| | 3. 잘못 사용한 어휘나 표현은 없는가? | | | |
| | 4. 맞춤법과 띄어쓰기를 잘 지키고 있는가? | | | |

## 마무리하기 📓

### 1   설명하는 글의 구성

서론: 설명 대상에 대한 간략한 소개, 독자의 흥미 유발

본론: 대상에 대한 본격적인 설명, 시간 순서에 따른 설명과 자세히 관찰하여 대상의 특성에 따라 분류하며 성명하는 방법이 있음.

결론: 본론의 내용을 간단히 요약하거나 의의를 강조

### 2   설명하는 글의 표현

1) 정의하기/나열하기

설명하는 글을 작성하기 위해서는 대부분 대상을 '정의하기'를 하는 과정을 거치게 된다. 또한 설명할 대상이 여럿이거나, 대상의 속성이 여럿일 경우에는 '나열하기' 표현을 사용한다.

> ① A는 B이다
> ② A란 B를 말한다(의미한다, 뜻한다)
> ③ 첫째, 둘째, 셋째,
> ④ 먼저, 다음으로, 마지막으로(끝으로),

2) 예를 들어 설명하기

설명하는 대상을 더욱 쉽게 설명하기 위하여 예를 들어 줄 필요가 있다. 특히 대상이 복잡해서 독자가 이해하기 어려운 경우에는 예를 들어 설명하는 과정이 필수적이라고 할 수 있다.

> ① 예를 들면(들어),
> ② 그 예로,
> ③ A의 예로 B를 들 수 있다(B를 A의 예로 들 수 있다)
> ④ A의 예로 B가 있다

3) 구분하기

　설명 대상이 여럿이거나 그 특성이 여럿인 경우, 어떠한 기준에 따라 대상을 구분하거나 분류하여 나누어 주는 것만으로도 훌륭한 설명의 방법이 될 수 있다.


　　① A에는 B와 C, D가 있다
　　② A로는 B와 C, D를 들 수 있다
　　③ A는 (크게) B와 C로 구분할 수 있다(나눌 수 있다, 분류할 수 있다)

## 새 단어

| | |
|---|---|
| 개념 | 이중모음 |
| 거센소리 | 잔치국수 |
| 계층 | 재고하다 |
| 과학적 | 제고하다 |
| 관형사 | 조사 |
| 국수 | 주되다 |
| 근육 | 주체 |
| 긴장하다 | 지식 |
| 내뿜다 | 쫄면 |
| 냉면 | 체계 |
| 단모음 | 체언 |
| 당황하다 | 추상적 |
| 된소리 | 칼국수 |
| 드물다 | 통틀다 |
| 모국어 | 표지 |
| 밀면 | 품사 |
| 방언 | 한국어학 |
| 부정확하다 | 형용사 |
| 비빔국수 | 황당하다 |
| 수월하다 | |
| 어미 | |
| 예사소리 | |
| 용언 | |
| 원리 | |
| 의의 | |

## 헷갈리는 단어

글쓰기를 할 때 사용하는 한국어 단어 중 발음이나 의미가 서로 비슷하여 서로 헷갈리는 것들이 존재한다.

(1) 다르다 / 틀리다
  *이 두 그림은 색이 서로 **틀리다**.

'다르다'와 '틀리다'는 한국어를 배우는 외국인 학습자뿐 아니라, 한국 학생들도 잘못 사용하는 경우가 많은 단어이다. '다르다'는 '비교가 되는 두 대상이 서로 같지 않다'는 의미이고, '틀리다'는 '어떠한 사실이 맞지 않고 어긋나다'는 의미이다. 일반적으로 '다르다'를 사용해야 하는 상황에서 '틀리다'를 사용하여 오류가 발생한다.

(2) 지양하다 / 지향하다          재고하다 / 제고하다

'지양하다'는 '어떠한 것을 하지 아니하다'는 의미이며, '지향하다'는 '어떠한 목표나 방향을 향하다'라는 의미이다. 하지만 '지양하다'와 '지향하다'는 구어에서 발음이 비슷하기 때문에 서로 헷갈려 잘못 사용할 수 있는 단어이다. '재고하다'와 '제고하다' 역시 발음이 비슷하여 헷갈릴 수 있다. '재고하다'는 '어떤 일이나 문제 따위에 대하여 다시 생각하다'라는 의미이며, '제고하다'는 '대상을 쳐들어 높이다'라는 의미이므로, 상황에 맞는 단어를 사용해야 한다.

(3) 당황하다 / 황당하다

'당황하다'와 '황당하다'는 서로 글자의 순서가 반대이기 때문에 상황에 맞지 않게 잘못 사용하는 경우가 있을 수 있다. '당황하다'는 '예상하지 못했던 일이 어찌할 바를 모르다'라는 의미이며, '황당하다'는 '말이나 행동이 터무니없다'는 의미이다.

## 대학 보고서의 양식

일반적으로 대학의 과제나 보고서는 교수자가 강의 시간에 안내한 양식에 맞춰 작성해야 한다. 하지만 간혹 교수자가 보고서의 양식을 자유롭게 하거나 특별한 양식을 안내하지 않는 경우가 존재한다. 수강하는 과목이나 전공에 따라서 차이가 있을 수 있으나, 대학 보고서의 기본 양식을 익혀 두면 좋은 참고가 될 수 있다.

대학 보고서는 일반적으로 '표지/목차/본문/참고 문헌'으로 구성된다. 보고서의 '표지'에는 보고서의 '제목'과 '과목명', '담당 교수', 보고서 제출자의 '학과'와 '학번', 그리고 '이름'을 기입한다. 그리고 '목차'에는 '서론-본론-결론'의 순서대로 작성하며, '서론', '본론', '결론'이 아니라 각 항목의 제목을 붙이기도 한다. 또한 목차에는 각 장 및 항목의 쪽을 함께 표시해 주는 것이 좋다. '대학 보고서의 일반적 양식'이라는 제목으로 '표지'와 '목차'의 간략한 예를 보이면 아래와 같다.

보고서의 '표지'와 '목차'는 보고서의 전체 분량에 따라서 생략하는 경우가 많다. 만약 보고서의 분량이 3~5장밖에 되지 않아 '표지'와 '목차'가 보고서 전체 분량 중 지나치게 많은 부분을 차지하게 된다면, '목차'에 보고서의 '제목'과 '과목명' 등 '표지' 정보를 함께 기입하거나 '표지'와 '목차'를 모두 생략할 수도 있다.

'본문'에는 보고서의 '서론-본론-결론'을 본격적으로 작성한다. '본문'의 내용을 다 작성한 후에는 '참고 문헌'을 작성해야 한다. '참고 문헌'은 과목 혹은 전공마다 양식이 다양하기 때문에, 자신의 학과에서 어떠한 양식으로 '참고 문헌'을 작성하는지 우선 확인하는 것이 좋다.

<table>
<tr><td>

**대학 보고서의 일반적 양식**

**I. 서론**

　이 글은 대학 보고서를 작성할 때 참고할 수 있는 기본적인 양식을 소개하기 위한 목적으로 작성되었다. 대학 보고서의 기본 양식은 대학에 처음 입학하여 보고서를 어떻게 작성하면 좋을지 모르는 신입생들에게 특히 큰 도움이 될 수 있다. 한국의 대학에 익숙하지 않은 외국인 유학생 및 신입생들은 보고서를 어떻게 작성하면 좋은지 직접 물어서 확인할 수 있는 선배나 친구의 도움을 받기가 어려울 수 있다. 그렇기 때문에 대학 보고서를 작성하기 막막한 학생들은 이 글을 참고하기 바란다.

　대학 보고서는 일반적으로 '표지/목차/본문/참고 문헌'으로 구성된다. 보고서의 '표지'에는 보고서의 '제목'과 '과목명', '담당 교수', 보고서 제출자의 '학과'와 '학번', 그리고 '이름'을 표기한다.....................
.....................................................................
.....................................................................
.....................................................................
.....................................................................
.....................................................................

</td><td>

**참고문헌**

김한국(2002), 『대학 글쓰기』, 한국출판사.
김한국(2009), 「한국 대학교의 글쓰기에 대하여」, 『글쓰기학』 2-1, 한국
　　글쓰기학회, pp.1-35.
박서울(2014), 『학술적 글쓰기의 방법』, 서울출판사.
박서울(2019), 「외국인 유학생의 글쓰기 능력 향상 연구」, 『학술적 글쓰기』 4, 학술적글쓰기학회, pp.70-102.
최충청(1986), 『글쓰기의 기초』, 한국대학교출판부.

</td></tr>
</table>

양식에 맞게 보고서를 작성하고 난 후 온라인으로 제출할 때에는 파일의 이름도 신경을 써야 한다. 기본적으로는 제출하는 파일이 어떤 과목 혹은 과제의 보고서인지를 알 수 있도록 하며, 제출하는 사람이 누구인지를 밝혀야 한다. 따라서 '과제명_이름_학번'이나 '과목명_이름_학번' 등으로 파일의 이름을 정하는 것이 좋다.

## 전통 방언의 소멸 속도 늦추기

고향 사투리를 쓰던 사람들은 이에 관한 추억을 적어도 한두 가지는 꼭 가지고 있다. 어렸을 때 사투리를 써서 야단맞았다든지, 자신의 말이 표준어인 줄 알았는데 사투리였다든지, 사투리로 인해 오해를 사거나 웃음을 자아내게 되었다든지 하는 일들. 게다가 어려서 무언가 먹다가 혹은 친구들과 놀다가 자연스럽게 사용하던 말까지, 그런 말들도 대부분 지금은 하나의 추억이 되었다.

그런데 이러한 추억들마저 급속히 사라져가고 있다. 그것들이 이제는 몇몇 블로그나 유튜브에서만 재생될 뿐, 실지 기억 속에서는 희미해진 지 오래다. 그리고 예전에 실생활에서 그리 많이 쓰이던 사투리 단어(문법 형태 포함)들은 상당수 이해할 순 있지만 실제 구사하진 않는 소멸 위기의 '이해어'가 되었다. 시간이 흘러 그 사용 환경이 다시 조성되지 않는다면 그 단어들은 결국 소실되고 만다.

사투리(또는 방언)는 오랫동안 우리의 삶과 추억 속에 뿌리내려온 자산으로, 첨단 현대사회에 들어섰다고 바로 표준어에 자리를 내주어야 하는 그런 대상이 아니다. 오히려 전통의 소멸로 문화적 다양성을 점차 상실해가는 요즘과 같은 시대에는, 여러 가지 부면에서 다양하면서도 유연한 모습을 보여주는 사투리의 가치가 더욱더 의미 있게 받아들여진다. 학술적으로는 다양한 언어재를 통한 체계적인 언어 연구를 가능케 하고, 실용적으로는 표준어의 어휘적 공백을 메워 언어생활을 풍요롭게 하며, 문화적으로는 각 지역의 각별한 정서를 이해하고 또 표현할 수 있게 한다는 점에서 사투리는 그냥 그 자체로 독자적인 가치를 지니는 것이다.

그럼에도 불구하고 오늘날 전국 모든 지역의 전통적 사투리(또는 그것의 변종)는 소멸의 길로 접어들어 대개는 중·장년층 이상 화자들의 머릿속에만 남아 있다(연령층의 지역적 편차가 없지는 않다). 반면에 해당 지역의 젊은이들은 대체로 그러한 전통형 대신에 표준어의 지역적 변종을 쓴다. 이러한 사정을 감안할 때 전통 방언의 소멸은 어느 특정 지역이 아니라 전국적으로 또 '젊은 세대'에서 공히,

그리고 매우 급격히 일어나는 현상으로 이해된다.

현대사회의 이 같은 변화는 거스르려 해도 쉬 거스를 수 있는 게 아니라. 그렇지만 적어도 전통의 급작스러운 단절에서 생겨나는 사회적 문제를 최소화하기 위해서라도 그 속력을 조금 줄이는 일은 필요하다. 언어적으로는 기성세대의 추억 속에 내장된 전통형을 자주 끄집어내어 기억을 되살리는 것으로 속도의 지연이 어느 정도 가능하다. 물론 이에는 방언에 대한 편견이 사라지고 사투리 사용을 인위적으로 제한하지 않는 사회 분위기의 형성이 전제된다.

자신이 어려서 쓰던 말을 잃으면 고향을 잊는다. 옛날 그 말도 아니고 그 고향 그대로도 아니지만 어릴 적 사투리로 얘기하면 마음속 고향은 조금이나마 되살아난다. 그러기에 방언의 가치를 발견하고 기억의 복구를 통해 전통 방언의 소멸 속도를 늦추는 작업은 결국 고향을 잃는 속도(나아가 문화적 다양성의 상실 정도)를 줄이는 일이 된다. 그러고 보면 고향을 잃은 상실감 또는 그리움에 '방언 자료집'을 직접 펴내거나 그 외 여기저기서 사투리를 간직하고자 애쓰는 이들은 모두 고향을 가슴에 품은 사람들이다.

- 정승철(2018), 「전통 방언의 소멸 속도 늦추기」, 『방언의 발견』, 창비, pp. 254-256.

# 7장

# 분석하는 글

분석하는 글의 구조와 특징을 이해한다.
자료를 파악하고 해석하여 분석하는 글을 쓴다.

1. 도표나 그래프를 보고 의미를 이해할 수 있습니까?

2. 다양한 자료를 바탕으로 분석하는 글을 쓸 수 있습니까?

## 분석하는 글이란 무엇인가?

분석(分析, analysis)은 복잡하게 구성된 어떤 대상에 대해 분명하게 이해할 수 있도록 각각의 요소, 성분 등을 나누어 다양한 측면에서 생각하는 것을 말한다. 분석하는 글의 목적은 주로 어떤 문제와 관련된 원인을 파악하여 결과를 예측하거나 문제를 해결하기 위한 방법을 모색하려는 것, 어떤 대상의 중요한 부분을 정확한 분석을 통해 제대로 이해하려는 것이다. 대학에서는 주로 분석 대상과 관련된 다양한 자료를 수집하여 작성하는 분석 리포트, 실험 결과를 분석하는 실험 보고서, 책이나 영화 등의 예술 작품에 대해 분석하는 비평문 등을 쓰게 된다.

분석하는 글의 일반적인 구성을 살펴보면 다음과 같다. 먼저 서론에서는 어떤 대상을 분석할 것인가를 간단히 소개하고 이 대상에 대한 분석이 필요한 이유와 분석의 목적을 서술한다. 다음으로 본론에서는 적절한 기준으로 나눈 그 대상의 다양한 측면을 객관적인 자료와 함께 제시한다. 객관적인 자료로는 주로 수치 자료와 그림 자료 등을 사용한다. 이때 수치 자료나 그림 자료를 그대로 제시하는 것만으로는 자료가 의미하는 바를 충분히 보여줄 수 없다. 따라서 분석하는 글에서는 자료가 어떤 의미를 지니는가에 대해 구체적이고 객관적으로 설명해 줄 필요가 있다. 마지막으로 결론에서는 본론의 내용을 요약, 정리하고 이러한 분석의 의의를 강조하거나 분석과 관련된 전망을 제시한다.

예를 들어 ESG 경영이 기업 이익에 미치는 영향에 대해 분석하는 글을 쓰고자 한다면 이를 어떤 요소들로 나누어 살펴볼 것인지 결정해야 한다. 기본적으로 ESG는 기업 경영과 관련된 세 부분을 통합적으로 이르는 용어이므로 이에 따라 본론을 환경, 사회, 지배구조의 세 부분으로 나누어 구성할 수 있다. 경영 방식이 기업의 이익과 어떻게 연계되는가를 살펴보는 것이 목적이므로 '대기업' 또는 '중소기업'과 같은 기업의 규모에 따라 다르게 나타나는 사례를 확인해 볼 수도 있고, 혹은 '해외 기업'과 '국내 기업'의 사례를 비교해 볼 수도 있을 것이다.

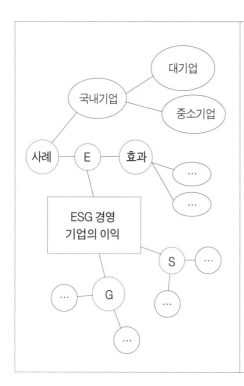

**ESG 경영이 기업 이익에 미치는 영향**

1. 서론
1.1 ESG 경영의 이해
1.2 ESG 경영과 기업의 이익
　　환경보호에 기여하는 방식의 경영
2.1 대기업의 친환경 경영 사례와 효과
2.2 중소기업의 친환경 경영 사례와 효과
　　사회에 기여하는 방식의 경영
3.1 대기업의 사회적 경영 사례와 효과
3.2 중소기업의 사회적 경영 사례와 효과
　　윤리적 지배구조 형성에 기여하는 방식의 경영
4.1 대기업의 윤리적 경영 사례와 효과
4.2 중소기업의 윤리적 경영 사례와 효과
결론

　위와 같이 개요를 작성하는 과정에서 분석 대상을 일정한 기준에 따라 체계적으로 나누었다면 각 요소를 객관적으로 분석하기 위해 전문가의 견해, 도표나 그래프 등 다양한 자료를 수집해야 한다. 'ESG 경영의 기업 이익'에 대한 글을 쓰기 위해 여러 자료를 모았다면 그 가운데 글의 목적, 즉 기업 이익의 증대를 잘 보여줄 수 있는 자료를 선별한다. 그리고 제시한 자료를 글의 주제와 관련하여 충분히 설명함으로써 글을 읽는 사람들이 자료의 어떤 부분이 중요한 내용인지 쉽게 이해할 수 있도록 해 주어야 한다. 이렇게 자료의 유의미한 부분을 찾고 이에 대한 해석을 제시하는 것 역시 분석적 글쓰기에 필수적인 요소이다.

## ESG 경영의 사례와 효과

인류는 발전을 위해 많은 것을 파괴하며 성장했다. 이에 대한 반성은 '지속 가능한 발전(Sustainable development)'을 추구해야 한다는 움직임을 만들었다. 최근 많은 기업이 ESG 경영이라는 이름 아래 다양한 시도를 하는 것 또한 이러한 지속 가능한 발전을 위한 것이다. ESG 경영이란 환경(Environment), 사회(Social)를 보호하고 합리적인 지배구조(Governance)를 바탕으로 기업을 운영하는 것을 말한다. 이러한 경영 방식이 기업의 이익에 도움이 되지 않을 것이라는 판단을 내리기 쉽지만 실제로는 ESG 경영이 환경, 사회, 지배구조에 좋은 영향을 미칠 뿐만 아니라 기업의 재무적인 부분에도 도움이 되고 있음을 확인할 수 있다. 이 글은 ESG의 각 요소와 관련된 경영 사례와 효과를 살펴보고자 한다.

먼저, 친환경 경영을 실천하는 기업은 일반적으로 탄소나 온실가스 등의 환경오염 물질을 줄이기 위해 노력한다. 또한 에너지를 절약하고 생산 폐기물을 감소시키기 위한 방법을 찾는 데에 힘을 쏟고 있으며 환경오염 물질 배출을 최소화하기 위해 다양한 시도를 하고 있다. 예를 들면 상품의 포장재를 만들 때 친환경 잉크를 사용하거나 잉크의 사용량을 절감하는 것이 대표적이다. 나아가 페트병의 라벨을 완전히 없앤 제품을 생산하는 경우도 많아졌다. 작은 변화라고 생각할 수도 있지만 이러한 변화들이 모여 큰 효과를 거둘 것으로 기대한다. 그리고 이러한 변화는 궁극적으로 기업의 이익 창출에도 도움이 된다.

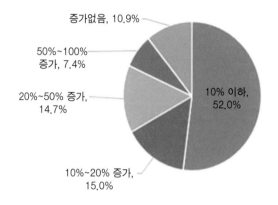

환경표지 인증취득 후 매출 증가

증가없음, 10.9%

50%~100%
증가, 7.4%

20%~50% 증가,
14.7%

10% 이하,
52.0%

10%~20% 증가,
15.0%

자료: 환경부

환경부에서는 기업이 환경을 고려하여 생산한 제품에 '환경표지'를 넣을 수 있도록 하고 있다. 환경부의 조사 결과에 따르면 89.1%의 기업이 환경표지 인증을 취득한 후 매출 증가를 기록했다. 이 중 환경표지 인증을 취득했음에도 매출이 증가하지 않은 기업은 겨우 10.9%에 불과했다. 그 외의 90%에 가까운 기업은 모두 매출이 증가한 것이다. 그 가운데 10% 이하의 매출 증가가 이루어진 기업이 52%였고 10~20% 증가가 15%에 달했다. 또 20~50% 증가가 14.7%, 50~100% 증가가 7.4%로 37.1%의 기업이 10% 이상의 매출 증가율을 보였다. 이러한 매출 증가는 최근의 전반적인 경기 침체 상황 속에서 이루어진 것이므로 더욱 의미가 있다. 이 조사 결과를 통해 환경보호를 고려한 제품의 생산이 기업의 이윤 추구에 오히려 도움을 주고 있음을 알 수 있다.

구매시 기업의 친환경 활동 고려 여부

| 13% | 53% | 34% |
|---|---|---|

■ 고려하지 않는다 13%　■ 가끔 고려한다. 53%　■ 고려한다 34%

자료: 소비자협회

친환경 제품의 생산이 이윤 창출에 도움이 되는 것은 친환경 제품이라는 표지가 소비자들의 구매 결정 과정에 영향을 미치기 때문이다. 소비자협회가 성인 남녀

5,000명을 대상으로 설문 조사를 실시한 결과 '제품 구매 시 기업의 친환경 활동을 고려하는가'라는 질문에 대해서 34%가 '고려한다'고 답했고 '가끔 고려한다'라고 답변한 소비자는 53%였다. '가끔 고려한다'고 답한 소비자가 가장 많기는 하지만 '고려하지 않는다'는 소비자에 비해 훨씬 많은 소비자들이 가끔이라도 기업의 친환경 활동을 고려하고 있다는 점은 주목할 만하다.

(후략)

**1 이 글의 뒤에 올 내용으로 옳지 <u>않은</u> 것을 고르십시오.**

① 개인이 할 수 있는 환경보호 방법과 효과

② 비윤리적 경영을 하는 기업에 대한 불매 운동

③ 사회(Social)에 기여하기 위한 경영 방침의 예시

④ 올바른 지배구조(Governance) 형성을 위한 기업 윤리 확립과 효과


**2 이 글에 사용된 그래프에 대한 설명과 일치하는 것을 고르십시오.**

① 환경표지 인증 취득은 기업의 매출에 영향을 미치지 않는 것으로 나타났다.

② 7% 정도의 기업은 환경표지 인증 취득 후 매출이 50% 이상 증가했다고 한다.

③ 100명 중 34명은 친환경 활동을 하지 않는 기업 상품에 대한 불매 운동을 벌이고 있다.

④ 과반수 이상의 소비자들이 제품 구매 시 기업의 친환경 활동을 고려하지 않는다고 답했다.

## 자료 제시하기

분석하는 글을 쓰기 위해서는 주제와 관련된 적절한 자료를 수집, 선별하여 제시하는 것이 중요하다. 자료를 찾을 때는 우선 신뢰할 수 있는 자료인가를 확인해야 한다. 출처가 분명하지 않거나 허위로 작성되었을 가능성이 있는 자료, 주제와 연관성이 떨어지는 자료를 사용하면 안 된다. 자신이 말하고자 하는 주제를 잘 드러내 줄 수 있는 내용인가를 고려하여 자료를 선별했다면 그 자료가 글의 주제와 관련하여 어떤 의의를 가지고 있는지 상세하게 설명해 주어야 한다. 또한 그 자료의 출처를 표시하는 것도 중요하다.

1) A에 의하면/따르면

김동희(2020)에 의하면 지구 온난화에 가장 큰 영향을 미치는 것은 이산화탄소의 배출이다.

환경부의 통계 자료에 따르면 쓰레기 종량제 실행 이후 쓰레기 배출량이 줄어든 것으로 나타났다.

2) A를 대상으로 B에 대한 조사를 실시한 결과

통계청이 고등학생 200명을 대상으로 환경오염에 대한 설문 조사를 실시한 결과 환경오염이 심각하다고 생각하는 학생들의 비율이 80%에 가까운 것으로 나타났다.

한국기업연구소가 20~30대 남녀 1,000명을 대상으로 환경보호를 위해 어떤 활동을 하고 있는가에 대한 설문 조사를 실시한 결과 일회용품 사용을 줄이기 위해 노력하고 있다는 응답이 가장 높은 비율을 차지하고 있었다.

3) A를 통해

위의 그래프를 통해 지구온난화의 속도가 빠르게 가속화되고 있음을 볼 수 있다.
설문 결과를 통해 재활용 상품에 대한 소비자들의 선호도가 점차 높아지고 있음을 확인할 수 있다.
이를 통해 환경보호를 위해 노력하지 않는다면 더욱 많은 동식물이 멸종 위기에 처할 것임을 예측할 수 있다.

**1 다음 자료를 활용하여 문장을 완성하십시오.**

1)  출처: 최정은, 한국대 교수
    내용: 환경오염 문제를 해결하기 위해서는 친환경 에너지의 생산을 위한 연구가 가장
        시급하다.

    _____

    _____

2)  출처: 한국신문
    내용: 메일함에서 불필요한 이메일을 1GB만 지워도 연간 이산화탄소 15kg을 줄일
        수 있다.

    _____

    _____

3)  설문 주제: 환경오염의 심각성
    설문 대상: 10대 청소년 500명
    설문 기관: 자연보호협회
    설문 결과: 환경오염이 심각한 수준이라고 답한 응답자 487명, 환경오염이 심각하지
        않다고 답한 응답자 13명

    _____

    _____

    _____

    _____

4)
설문 주제: 친환경 생활

설문 대상: 성인 남녀 3,000명

설문 기관: 환경부

설문 결과: 친환경 생활이 반드시 필요하다는 응답이 75.4%, 해도 되고 안 해도 된다
는 응답이 24.6%

_____

_____

_____

_____


**2** 다음 자료를 활용하여 문장을 완성하십시오.

1)

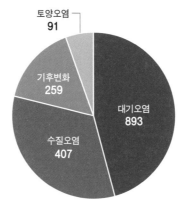

일상에서 심각하다고 느끼는 환경오염

토양오염
91

기후변화
259

대기오염
893

수질오염
407

일상에서 가장 심각하다고 느끼는 환경오염은
무엇이라고 생각하십니까?

조사 연도: 2022년
단위: 명


_____ 대다수의 사람들이 _____ 가장 심각한 환

경 문제라고 생각하고 있다는 것을 확인할 수 있다.

2)

### 생활폐기물 배출량 현황

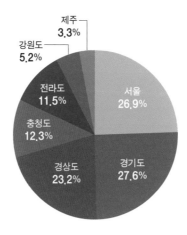

제주
3.3%

강원도
5.2%

전라도
11.5%

충청도
12.3%

경상도
23.2%

서울
26.9%

경기도
27.6%

2022년 기준
자료: 환경부

_____ 가장 많은 양의 생활폐기물을 배출하는 지역은 _____

_____

## 자료 설명하기

분석을 위해 활용하는 객관적 자료로 자주 사용되는 도표나 그래프 등을 설명할 때는 분석의 목적에 맞게 정보의 의미를 해석해 주어야 한다. 이를 위해 수치나 비율의 차이, 지표의 변화, 여러 대상의 비교 등과 관련된 표현을 적절하게 사용하여 자료의 내용을 설명할 수 있어야 한다. 또한 이러한 자료 설명 역시 글의 주제와 관련된 부분들에 초점이 맞추어져 있어야 한다는 점도 중요하다.

1) (대부분) -는 편이다
   (주로) -는 것으로 나타났다
   A는 B에 불과했다

   대부분의 사람들은 지구 온난화 문제를 심각하게 받아들이는 편이다.
   대학생들은 주로 일회용품 사용 자제, 대중교통 이용 등의 방식으로 환경보호를 위한 노력을 하고 있는 것으로 나타났다.
   과반수 이상의 기업이 친환경 제품의 수요가 높아졌다고 답했으며 '수요가 낮아졌다'는 답은 11.4%에 불과했다.

2) A가 (크게/점차/지속적으로) 증가하다/오르다
   A가 (대폭/소폭) 감소하다/떨어지다

   친환경 제품 생산을 위해 노력하는 기업이 지속적으로 증가하고 있다.
   지구 온난화로 인해 한국을 비롯한 여러 지역의 겨울 기온이 대폭 떨어졌다.

3) A와 B의 차이가 크다/적다

A와 B가 비슷하게 나타났다

이 자료를 통해 산업화 이전의 해수면 높이와 현재 해수면 높이의 차이가 매우 크다는 점을 알 수 있다.

제품을 구매할 때 그 제품이 친환경 제품인가를 꼭 확인한다는 소비자와 가끔 확인한다는 소비자들의 비율이 각각 비슷하게 나타났다. 반면 전혀 확인하지 않는다는 소비자는 7.5%에 불과했다.

## 연습하기 2

**1** 다음 그래프를 보고 자료의 의미를 분석하십시오.

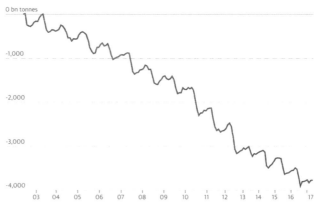

그린란드 빙하 유실량

*가로축 : 2005 ~ 2020, 세로축 : 십억 톤

자료: 환경부

_____ 그린란드의 빙하가 2005년부터 2020년까지 _____
_____

지구온난화의 심각성을 잘 보여준다.

**2** 다음 표를 보고 자료의 의미를 분석하십시오.

생활, 사업장(일반, 건설) 폐기물 발생 현황

| 항목 | 단위 | 2015 | 2016 | 2017 | 2018 | 2019 | 2020 |
|---|---|---|---|---|---|---|---|
| 생활계폐기물 | 톤/일 | 51,247 | 53,772 | 53,490 | 56,035 | 57,961 | 61,579 |
| 1인당 발생 폐기물 | kg/일 | 0.97 | 1.01 | 1.01 | 1.06 | 1.09 | 1.16 |

자료: 환경부

_____. 2015년의 일당 생활계 폐기물은 51,247톤이었으나 _____
_____. 다시 말해 2020년의 1인당 생활
물 폐기물 발생량은 2015년에 비해 0.9kg이나 증가한 것이다.

**3** 다음 그래프를 보고 재활용 폐기물의 발생량 변화에 대해 분석하여 2~3문장으로 정리하십시오.

코로나 19 전후 재활용 폐기물 발생량 변화(품목별)

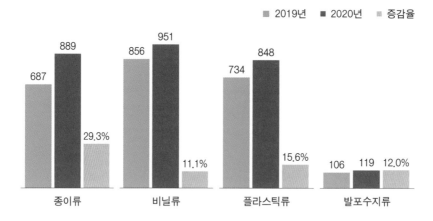

단위: 톤/일
자료: 환경부

_____

_____

_____

_____

## 인과 관계/연접 관계 분석하기

분석을 위해 활용하는 자료들은 글의 주제, 글의 목적과 연관성을 지녀야 하고, 각각의 자료 사이에도 연관성이 있어야 한다. 특히 각 분석 요소들이 서로 영향을 주고받고 있다는 점이 중요한 내용이라면 그러한 관계를 분명하게 밝혀 줄 필요가 있다. 이를 위해 원인이 되는 요소들과 결과로 나타난 부분들의 관계를 찾거나, 각 부분이 서로 밀접하게 연결된 부분임을 설명해야 하는 경우 쓸 수 있는 표현을 적절하게 사용하여 제시하도록 한다.

## 1  인과 관계 분석하기

1) -기 때문에

　　A에 의해, A로 인해

　　으므로, 그러므로

　　일회용품 사용을 완전히 금지할 수는 없기 때문에 플라스틱 빨대 대신 종이 빨대를 사용하거나, 비닐봉지 대신 종이봉투를 사용하는 등의 방식으로 대처하고 있다.
　　바닷물이 열을 흡수하여 부피가 팽창하는 열팽창에 의해 해수면이 상승한다는 것이 밝혀졌다.
　　옷을 만들기 위해서 많은 염료와 표백제를 사용하므로 패션 산업은 수질 오염에 큰 영향을 준다.

2) -게 되다

   -는 현상이/결과가 나타나다

   산업 혁명 이후 화석 연료를 사용하기 시작하여 이산화탄소 배출량이 급속도로 증가하게 되었다.
   건강과 환경에 대한 관심이 높아져 유기농 제품의 소비량이 늘어나는 현상이 나타났다.

## 2  연접 관계 분석하기

1) A는 B에 영향을 주다/미치다

   A가 B에 미치는 영향이 크다/적다

   대기오염은 인간의 호흡기계뿐만 아니라 심혈관계에도 영향을 준다.
   지구 온난화가 인간을 비롯한 지구상의 생명체에 미치는 영향이 매우 크다.

2) A는 B와 밀접한 관련이 있다

   해수면의 상승은 지구 온난화로 인한 빙하 유실, 바닷물의 열팽창과 밀접한 관련이 있다.
   현재 각국에서 나타나는 이상 고온, 가뭄 등의 기상 이변은 지구 온난화와 밀접하게 연관된 현상이다.

**1** 다음 두 자료를 활용하여 인구밀도와 생활폐기물 발생량의 연관성에 대해 한 문단의 글을 쓰십시오.

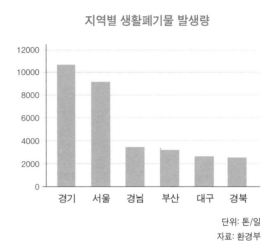

한국 인구밀도      지역별 생활폐기물 발생량

단위: 톤/일
자료: 환경부

---

---

---

**2** 다음 두 자료를 활용하여 기상 이변과 지구온난화의 연관성에 대해 한 문단의 글을 쓰십시오.

2023년 1월 미국 캘리포니아는 겨울 폭풍으로 인해 피해를 입었다. 비슷한 시기 유럽에서도 겨울이라는 계절에 맞지 않는 이상고온 현상이 나타났다. 네덜란드, 벨기에서는 영상 15~20도의 온난한 날씨가 지속되었으며 스페인 세비야는 영상 25도의 기온을 기록했다. 한국의 경우 2022년부터 1년이 넘게 극심한 가뭄이 이어지기도 했다. 이처럼 전 세계에서 기상 이변이 나타나고 있다.

해수면 온도 그래프

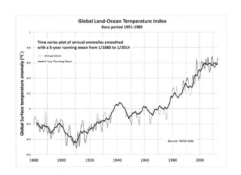

_____

_____

_____

_____

**3** 다음 두 자료를 활용하여 배출권거래제 실행과 온실가스 배출량 추이의 연관성에 대해 한 문단의 글을 쓰십시오.

배출권거래제는 교토의정서 제17조에 규정되어 있는 온실가스 감축체제이다. 온실가스를 배출하는 사업장을 대상으로 연단위 배출권을 할당하여 범위 내에서 온실가스를 배출 할 수 있도록 하고, 사업장의 실질적 온실가스 배출량을 평가하여 여분 혹은 부족분에 대하여 사업장 간 거래를 허용하는 제도이다. 한국에서는 2015년부터 이 제도가 실행되었다.

온실가스 배출량 추이

단위: 톤
자료: 환경부

_____

_____

_____

# 문단 쓰기

**1** 다음 자료를 바탕으로 지구 온난화 문제를 분석하는 한 문단의 글을 쓰십시오.

세계기온변화 추이

+0.84℃

■ 20세기 평균 기온 대비 연 평균 기온

자료: 미국기상학회(AMS), 미국립해양대기국(NOAA)

세계해수면 증가 추이

단위: cm

자료: 프랑스 AVISO 연구소

지구 온도 1도 상승: 가뭄 지속, 10% 육상생물 멸종 위기
지구 온도 2도 상승: 사용 가능한 물 20~30% 감소, 15~40% 북극생물 멸종 위기
지구 온도 3도 상승: 해안침수 피해 연 1억 6천만 명, 20~50% 생물 멸종 위기
지구 온도 4도 상승: 사용 가능한 물 30~50% 감소, 서남극 빙상 붕괴 위험
지구 온도 5도 상승: 재난으로 자본시장 붕괴, 중국·인도 영향권 히말라야 빙하 소멸
지구의 온도 6도 상승: 모든 생물체의 대멸종

– 마크 라이너스, 『6도의 멸종』, 세종서적, 2014.

## 글쓰기 ✏️

**1** '여러분 나라에서 최근 이슈가 되고 있는 환경 관련 문제'에 대하여 분석하는 글을 작성하려고 합니다. 다음 표에 따라 내용을 조직하여 개요를 작성하십시오.

1) 내용 조직하기

| | | |
|---|---|---|
| 글<br>감<br>생<br>성<br>하<br>기 | | |
| 내<br>용<br>정<br>리<br>하<br>기 | | |

2) 개요 작성하기

| 제목 | |
|------|--|
| 주제문 | |
| 서론 | |
| 본론 | |
| 결론 | |

3)자신이 작성한 개요에 따라 분석하고자 하는 대상과 관련된 자료를 찾아 메모하십시오.

**자료를 수집할 때 주의할 점**
1) 신뢰도 높은 자료를 선택해야 한다.
2) 시의성이 있는 자료를 선택해야 한다.
3) 자료의 출처를 분명하게 밝혀야 한다.

| 개요의 부분 | 분석을 위한 자료 | 자료의 출처 |
|---|---|---|
| | | |
| | | |
| | | |
| | | |

**2** 작성한 개요와 자료를 바탕으로 분석하는 글을 완성하십시오.

| 제목: | | | |
|---|---|---|---|
| 학과: | 학번: | 이름: | 제출일:  년  월  일 |

## 글쓰기 자가 평가표

| 구분 | 평가 내용 | ○ | △ | × |
|---|---|---|---|---|
| 전체 | 1. 글의 주제가 잘 드러나 있는가? | | | |
| | 2. 주제에서 벗어난 내용은 없는가? | | | |
| | 3. 개요와 비교했을 때 빠뜨리거나 달라진 부분이 있는가? | | | |
| | 4. 서론-본론-결론이 분명하게 드러나는가? | | | |
| | 5. 객관적이고 다양한 자료를 제시하였는가? | | | |
| 문단 | 1. 문단과 문단의 연결이 자연스러운가? | | | |
| | 2. 각 문단의 중심 내용이 잘 드러나는가? | | | |
| | 3. 문단이 적절하게 나뉘어 있는가? | | | |
| 표현 | 1. 문어체로 쓰여 있는가? | | | |
| | 2. 문장의 연결이 자연스러운가? | | | |
| | 3. 잘못 사용한 어휘나 표현은 없는가? | | | |
| | 4. 맞춤법과 띄어쓰기를 잘 지키고 있는가? | | | |

# 마무리하기

**1 분석하는 글의 구성**

서론: 분석 대상 소개, 분석의 필요성, 분석의 목적

본론: 분석 대상을 여러 측면으로 나누어 본론 구성

　　　객관적 자료 제시 및 구체적 분석

결론: 본론 요약·정리, 분석의 의의, 분석과 관련된 전망 제시

**2 분석과 관련된 표현**

1) 자료 제시하기

분석하는 글을 쓰기 위해서는 주제와 관련된 적절한 자료를 수집, 선별하여 제시하는 것이 중요하다.

　① A에 의하면/따르면
　② A를 대상으로 B에 대한 조사를 실시한 결과
　③ A를 통해

2) 자료 설명하기

분석을 위해 활용하는 자료를 설명할 때는 분석의 목적에 맞게 글로 정보를 정리해 주어야 한다.

　① (대부분) -는 편이다, (주로) -는 것으로 나타났다, A는 B에 불과했다
　② A가 (크게/점차/지속적으로) 증가하다/오르다, A가 (대폭/소폭) 감소하다/떨어지다
　③ A와 B의 차이가 크다/적다, A와 B가 비슷하게 나타났다

3) 인과 관계/연접 관계 분석하기

　각 분석 요소들이 서로 영향을 주고받고 있는 경우 그 관계를 분명하게 밝혀 줄
필요가 있다.

　① -기 때문에, A에 의해, A로 인해, 으므로, 그러므로
　② -게 되다, -는 현상이/결과가 나타나다
　③ A는 B에 영향을 주다/미치다, A가 B에 미치는 영향이 크다/적다
　④ A는 B와 밀접한 관련이 있다

## 새 단어

거래

경영

기상 이변

대폭

모색하다

밀접하다

배출

불과하다

비율

상세하다

선별하다

성분

소폭

수집하다

수치

신뢰도

실시하다

연계하다

연관성

연접

예측하다

온실가스

유의미하다

이익

인과

인구밀도

전망

제시하다

조사하다

주로

증대

지구온난화

지니다

지배구조

지속적

지표

초점

출처

측면

통합적

폐기물

필수적

해석하다

허위

현상

## 피해야 할 번역 투 문장

외국어를 한국어로 옮길 때 전통적인 한국어 문법 체계에서 벗어난 번역 투의 문장이 사용되기도 한다. 외국어 교육 과정이나 번역서를 접한 경험 등으로 인해 우리에게 익숙해진 번역 투 표현은 어법적으로 틀린 것이 아닌 경우도 있다. 그러나 문장에 따라 한국어의 전통적 문법 체계를 따르는 편이 더 자연스러울 때는 번역 투 문장을 사용하지 않는 것이 좋다.

### 1 이중부정 표현 사용하지 않기

긍정을 강조하기 위해 '-지 않으면 안 된다', '-지 않을 수 없다'와 같이 이중부정을 사용하는 것은 문장을 길게 만들어 오히려 가독성을 떨어뜨린다. 이중부정을 사용하는 것보다는 긍정의 의미를 간결하게 전달하는 것이 좋다.

도서관에 가지 않으면 안 된다. (×) → 도서관에 가야 한다. (○)
공사를 중단하지 않을 수 없다. (×) → 공사를 중단해야 한다. (○)

### 2 이중피동 표현 사용하지 않기

한국어 문장을 쓸 때는 피동보다는 능동 표현을 주로 사용한다. 특히 '되다', '-아/어지다'를 '되어지다'로 사용하거나 '닫히다'와 같은 피동사에 '-아/어지다'를 붙여 '닫혀지다'로 사용하는 등의 이중 피동을 사용하는 것은 좋지 않다. 또한 피동 대신 능동으로 바꿀 수 있는 경우에는 능동 표현을 사용하는 것이 좋다.

종이에 쓰여진 글 (×) → 종이에 쓰인 글 (○)
음식이 담겨진 그릇 (×) → 음식이 담긴 그릇 (○)
논란이 되어진 이번 사건 (×) → 논란이 된 이번 사건 (○)
코팅 처리시킨 종이 (×) → 코팅 처리한 종이 (○)

## 3  관형격 조사 '의'의 사용 줄이기

외국어의 소유격 표현은 주로 한국어 조사 '의'로 번역된다. 하지만 한국어의 관형격 조사 '의'는 한 문장 안에 여러 번 반복하여 사용하면 좋지 않다.

학생들이 숭실대학교의 국어국문학과의 사무실에 과제를 제출했다. (×)
↓
학생들이 숭실대학교 국어국문학과 사무실에 과제를 제출했다. (○)

나의 친구의 가방을 책상의 위에 올려놓았다. (×)
↓
내 친구 가방을 책상 위에 올려놓았다. (○)

## 4  자주 사용하는 직역 표현 수정하기

1) have, take(A를 가지다, 가지고 있다) → A가 있다.

이 문제를 해결할 수 있는 대책을 가지고 있다. (×)
↓
이 문제를 해결할 수 있는 대책이 있다. (○)

2) from(A로부터) → A에서, A부터

공원은 학교로부터 1km 떨어진 곳에 있다. (×)
↓
공원은 학교에서 1km 떨어진 곳에 있다. (○)

3) be -ing(-는 중이다) → 현재형

학생 회관에서 행사를 진행하는 중이다. (×)
↓
학생 회관에서 행사를 진행하고 있다. (○)
학생 회관에서 행사를 진행한다. (○)

4) in/are going to(A에 있어서) → A데, A에서, A에게, A의, A할 때 등

이 실험에 있어서 가장 중요한 것은 온도 유지이다. (×)
↓
이 실험에서 가장 중요한 것은 온도 유지이다. (○)

**자료 수집에 도움이 되는 사이트**

1. 도서관

　국립중앙도서관: https://nl.go.kr/

　국회도서관: https://nanet.go.kr/

　숭실대학교 도서관: https://oasis.ssu.ac.kr/

2. 논문·보고서 등 학술자료

　Riss : https://riss.kr/

　DBpia : https://dbpia.co.kr/

　Science on: https://scienceon.kisti.re.kr/

3. 통계·설문자료

　통계청 : https://kostat.go.kr/

　국가통계포털 : https://kosis.kr/

　환경부 환경통계포털 : https://stat.me.go.kr/

　한국갤럽 : https://gallup.co.kr/

4. 국어사전·백과사전

　국립국어원 표준국어대사전 : https://stdict.korean.go.kr/

　다음 백과 : https://100.daum.net/

## 출처 밝히기

### 1. 각주

다른 사람의 글이나 자료를 참고했다면 인용한 부분에 각주를 달아 출처를 밝혀야 한다. 각주를 통해 저자, 제목, 출판사, 출판연도와 같은 서지 정보를 전달한다. 주로 사용되는 형식은 APA 방식, MLA 방식, 시카고 방식, 하버드 방식이다. APA, MLA 방식은 내각주로 인용문 끝에 괄호를 이용하여 저자의 정보를 기입하는 형식이다. 학과, 학술지 등에 따라 요구하는 각주 형식이 다를 수 있으므로 해당 규정을 확인하여 작성한다.

#### APA 방식: 내각주

"수질 오염은 한국을 비롯한 전 세계가 직면한 가장 시급한 환경 문제(김수형, 2022)"라는 의견도 있다.

| 단행본 | (저자명, 발행 연도, 인용쪽수) 또는 (저자명, 발행 연도) |
|---|---|
| 학위논문 | (저자명, 발행 연도, 인용쪽수) 또는 (저자명, 발행 연도) |
| 정기간행물 | (저자명, 발행 연도, 인용쪽수) 또는 (저자명, 발행 연도) |
| 번역서 | (저자의 성, 원본 발행 연도/번역본 발행 연도) |
| 인터넷 자료 | (저자명, 발행 연도) |

#### 시카고 방식: 각주

"수질 오염은 한국을 비롯한 전 세계가 직면한 가장 시급한 환경 문제"1)라는 의견도 있다.
1) 김수형, 「수질 오염 문제와 대처방안」, 『자연과학』72(2022), 31쪽.

| 단행본 | 저자명, 『제목』(발행지: 발행처, 발행 연도), 인용쪽수. |
|---|---|
| 학위논문 | 저자명, 「제목」(학위명, 학위수여 대학, 학위수여 연도), 인용쪽수. |
| 정기간행물 | 저자명, 「제목」, 『정기간행물명』권수(연월차), 인용쪽수. |
| 번역서 | 저자명, 『제목』(원본 발행 연도), 번역자, (발행지: 발행처, 발행 연도), 인용쪽수. |
| 온라인 자료 | 저자명, 「책 혹은 글제목」(발행 연도; 웹사이트, 입력 연도), URL. |

### 각주를 다는 방법

인용한 부분의 끝에 각주 번호를 붙인다. 사용하는 프로그램에 따라 각주를 다는 방법이 다르다. 아래와 같은 방법을 사용하면 인용한 부분에 번호가 생성되고 해당 페이지의 밑에 서지 정보를 기록할 수 있는 영역이 설정된다.

한글과컴퓨터 흔글: [입력] – [주석] – [각주] (단축키 Ctrl+N+N)
마이크로소프트 워드: [삽입] – [참조] – [각주] (단축키 Ctrl+Alt+F)

## 2. 참고문헌

보고서 혹은 논문 작성 후 제일 마지막 장에 글에 인용했던 자료들을 순서에 맞게 정렬하여 기록한다. 참고문헌은 각주 작성과 마찬가지로 요구되는 규정에 따라 작성해야 한다.

| APA 방식: 참고문헌 | |
| --- | --- |
| 단행본 | 저자명. (발행 연도). 제목(판차 혹은 편저 표시). 발행지 : 발행처. |
| 학위논문 | 저자명. (발행 연도). 제목. 학위명. 학위수여대학. 발행지. |
| 정기간행물 | 저자명. (발행 연도). 제목. 정기간행물 제목. 권(호). 인용글의 시작과 끝 쪽수. |
| 번역서 | 저자명. (번역본 발행 연도). 번역된 책제목. 번역자. 출판지: 출판사 (원본 발행 연도) |
| 인터넷 자료 | 저자명. (발행 연도). 제목. 전자문서번호. 표지 검색 연월일, 검색 연도, URL |

| 시카고 방식: 참고문헌 | |
| --- | --- |
| 단행본 | 저자명.『제목』. 발행지: 발행처, 발행 연도), |
| 학위논문 | 저자명.「제목」. 학위명, 학위수여 대학, 학위수여 연도. |
| 정기간행물 | 저자명.「제목」『정기간행물명』권수(연월차) : 인용글의 시작과 끝 쪽수. |
| 번역서 | 저자명.『제목』. 원본 발행 연도. 번역자. 발행지: 발행처, 발행 연도. |
| 온라인 자료 | 저자명.「책 혹은 글제목」(발행 연도; 웹사이트, 입력 연도). 전자문서번호. URL. |

### 참고문헌 정렬 기준

1) 자료의 발행지에 따라 구분하여 정리한다.

   국내 문헌, 동양 문헌, 서양 문헌의 순서

2) 자료의 유형별로 구분하여 정리한다.

   단행본, 학위논문, 정기간행물, 번역서, 온라인 자료의 순서

3) 한글 저자명은 가나다순으로, 알파벳 저자명은 ABC순으로 정렬한다.

   **가나다순**

   자음: ㄱ ㄲ ㄴ ㄷ ㄸ ㄹ ㅁ ㅂ ㅅ ㅆ ㅇ ㅈ ㅉ ㅊ ㅋ ㅌ ㅍ ㅎ

   모음: ㅏ ㅐ ㅑ ㅒ ㅓ ㅔ ㅕ ㅖ ㅗ ㅘ ㅙ ㅚ ㅛ ㅜ ㅝ ㅞ ㅟ ㅠ ㅡ ㅢ ㅣ

예시 1

**참고문헌**

김병희(2007), 『한국 현대성장소설의 구조와 의미망』, 한국학술정보.

김연화(2016), 「박완서 자전적 소설 연구」, 전남대학교 대학원 석사학위 논문.

박산향(2017), 「박완서 동화에 나타난 생태의식 고찰」, 『현대문학이론연구』 제69호, 현대문학이론학회, pp. 145-165.

박완서(1999), 『자전거 도둑』, 다림.

_____(2005), 『그 많던 싱아는 누가 다 먹었을까』, 웅진지식하우스.

_____(2007), 『친절한 복희씨』, 문학과지성사.

이준삼, 「황혼기에 떠올리는 인생의 풍경은」, 연합뉴스, 2007. 10. 16. https://news.naver.com/main/read.nhn?mode=LSD&mid=sec&sid1=103&oid=001&aid=0001786 일자 2021. 1. 13.)

예시 2

**참고문헌**

1)기본자료

박완서, 『자전거 도둑』, 다림, 1999.

_____, 『그 많던 싱아는 누가 다 먹었을까』, 웅진지식하우스, 2005.

_____, 『친절한 복희씨』, 문학과지성사, 2007.

2)논문 및 단행본

김병희, 「한국 현대성장소설의 구조와 의미망」, 한국학술정보, 2007.

김연화, 「박완서 자전적 소설 연구」, 전남대학교 대학원 석사학위 논문, 2016.

박산향, 「박완서 동화에 나타난 생태의식 고찰」, 『현대문학이론연구』 제69호, 현대문학이론학회, 2017, 145-165.

이준삼, 「황혼기에 떠올리는 인생의 풍경은」, 연합뉴스, 2007. 10. 16. https://news.naver.com/main/read.nhn?mode=LSD&mid=sec&sid1=103&oid=001&aid=0001786 570(접속일자 2021. 1. 13.)

## 당신이 입는 옷이 지구를 망치고 있다

'패스트 패션' 현상을 업은 패션산업이 전 세계 환경을 망가뜨리고 있다는 연구 결과가 나왔다. 연구 결과는 충격적이다. 항공기와 선박을 합한 것보다 많은 탄소를 패션산업이 배출하는 것으로 밝혀졌다. 한국도 유럽처럼 폐의류에 생산자책임을 부과해야 한다는 주장에 힘이 실릴 것으로 보인다.

프랑스 환경매체 노트르플라넷은 "지난 17일부터 오는 25일까지 이어지는 유럽 폐기물감축 주간(SERD)을 계기로 프랑스자연환경연합이 환경에 섬유산업이 미치는 영향을 조사한 결과, 탄소 배출량이 항공기와 선박의 것을 모두 합한 것보다 많은 것으로 조사됐다"고 최근 보도했다.

매체에 따르면 '패스트 패션' 현상 심화로 인한 의류 소비 증가는 심각하고 다양한 환경 문제를 낳는다. 섬유 생산과정에서 독성 화학물질이 쓰이고 의류를 매장까지 유통하는 과정에서 심각한 대기오염을 유발하기 때문이다. 패션산업이 석유 다음으로 치명적인 오염원으로 꼽히는 이유다.

먼저 섬유 산업은 물 소비와 수질오염에 막대한 영향을 미친다. 청바지 벌을 만드는 데는 7000~1만1000ℓ, 티셔츠 한 장을 만드는 데는 2700ℓ의 물이 필요하다. 이런 식으로 패션산업은 전 세계 배출량의 20%에 해당하는 폐수를 만든다. 영국 카우스에 본사를 두고 있는 엘런맥아더재단은 섬유 염색이 물을 오염시키는 세계 두 번째 요인이라는 보고서를 펴낸 바 있다. 보고서에 따르면 특히 합성섬유의 오염 문제가 심각하다. 매년 바다에 50만톤의 플라스틱을 배출하기 때문이다. 생수병 500억개와 맞먹는 양이다.

대기오염 문제도 무시할 수 없다. 섬유산업의 탄소 배출량은 연간 120억톤이다. 이는 전 세계 탄소 배출량의 10%에 이른다. 국제선 비행기나 선박이 뿜는 탄소를 합한 것보다 많은 수치이기도 하다.

프랑스자연환경연합에 따르면 매년 전 세계에서 약 1억개의 옷과 장신구가 팔

린다. 특히 유럽의 의류 소비는 15년 만에 두 배로 치솟아 폐기물량도 그만큼 늘었다. 이 같은 추세는 '일회용 패션' 혹은 '패스트 패션'이 과소비로 이어지는 현상을 방증한다.

문제는 패션산업의 지속가능성이다. 유엔환경계획(PNUE)은 "의류 폐기물 재활용률이 1%도 되지 않는다"면서 "대부분의 옷이 그대로 버려지는 경향이 유지되면 2050년엔 세계 탄소 4분의 1이 패션산업에서 소비될 것"이라고 경고했다.

프랑스자연환경연합에서 폐기물 배출방지 및 관리 업무를 담당하는 엘레노어 큐빅은 "패션산업을 통해 토양과 해양에 버려지는 독성 물질과 플라스틱까지 감안하면 패션산업의 지속가능성이 매우 낮다고 할 수 있다"며 "소비자들이 질 좋은 옷을 오래 입고 적게 사는 습관을 들이면 산업의 관행까지 변화시킬 수 있다"고 말했다.

'패스트 패션'에 중독된 한국의 상황도 별반 다르지 않다. 패션산업 규제가 느슨한 까닭에 유럽보다 상황이 심각하다고 할 수 있다. 환경부 환경통계포털에 게시된 '폐기물 처리현황' 통계표에 따르면 전국에서 발생하는 폐섬유류 규모는 2016년을 기준으로 284톤에 이른다. 2012년엔 186톤이었다는 점을 고려하면 폐섬유류 급증세를 짐작할 수 있다. 같은 기간 소각 처리된 폐섬유류의 비율은 62톤에서 78톤으로 늘었다.

이처럼 폐섬유가 급증하는 까닭은 가계의 의류 소비액은 줄었으나 섬유를 생산하는 제조업체들이 늘었기 때문이다. 통계청이 발표한 '2017년 가계동향조사'에 따르면 월평균 가구 소비지출 구성에서 의류가 차지하는 비율은 2012년 6.8%에서 2016년 6.2%로 줄었고, 같은 기간 월평균 지출액은 16만5883원에서 15만7964원으로 줄었다. 반면 섬유 및 의복과 관련한 제조업 공장의 수는 같은 기간 1만2338곳곳에서 1만2844곳으로 늘어났다.

생산이 늘고 소비가 줄면 폐기물이 증가할 수밖에 없다. 옷값이 저렴해지면서 총 지출액이 줄었을 가능성도 있지만 '패스트 패션'이 한창 유행하고 있다는 걸 고려하면, 낭비 자원이 증가하고 환경오염이 가중됐다는 점 또한 짐작할 수 있다.

문제는 패션산업이 유발하는 환경 유해성을 어떻게 규제하느냐다. 유럽의 경우 섬유제품 화학성분의 잠재적인 유해성을 소비자들에게 정확히 알리고 폐의류에 생산자책임을 부여하기 위해 2007년 6월1일 화학물질의 등록·평가·허가·제한 규정(REACH)을 만들었다. 이 규정은 의복 제조업체 및 수입업체에 제품의 화학성분을 수량화하고, 엄격한 검사 절차를 진행하도록 요구한다. 많은 양의 원유를 필요로 하는 폴리에스테르로 섬유제품을 제조하기 때문이다. 매립한 폴리에스테르는 분해될 때까지 최소 500년이 걸리는 것으로 알려졌다. 소각하면 발암물질인 휘발성 유기화합물을 방출한다.

유럽과 달리 한국은 폐의류에 대해 생산자책임을 부과하지 않는 것은 물론 패션산업의 위해성에도 관심이 없는 형편이다. 환경부 관계자는 생산자책임재활용제도에서 의류가 빠진 이유에 대해 "(생산자책임재활용제도는) 위해성이 있는 것만 관리하는 제도로서 폐의류가 위해성이 없다고 판단했기 때문"이라며 "의류는 제도로 특별히 관리하지 않는다. 시장 내에서 발생하는 편익이 있기 때문에 재활용센터에 자율적으로 처리를 맡긴다"고 말했다.

- 권오경, 「당신이 입는 옷이 지구를 망치고 있다」, 그린포스트코리아, 2018.11.21.,
http://www.greenpostkorea.co.kr/news/articleView.html?idxno=98322

# 8장

# 주장하는 글

주장하는 글의 구조와 특징을 안다.
주제에 맞는 근거를 들어 주장하는 글을 쓴다.

선한 댓글을
우선 노출해야 합니다.

악성 댓글을 줄일 수 있는
방법은 무엇일까요?

악성 댓글의 노출을
방지해야 합니다.

1. 자신의 견해를 정확하게 표현할 수 있습니까?

2. 자신과 생각이 다른 사람을 설득하려면 어떻게 해야 합니까?

## 주장하는 글이란 무엇인가?

주장하는 글이란 어떤 주제에 대한 생각이나 주장을 논리적으로 전개한 글을 말한다. 이러한 글에서 생각이나 주장의 전개는 근거(根據, basis)를 바탕으로 이루어지며, 다른 사람을 설득하는 데 그 목적이 있다. 이때 설득이란 상대방이 그 생각이나 주장을 찬성하여 따르거나 옳다고 인정하도록 하는 것을 말한다.

주장하는 글에서 무엇보다 중요한 것은 어떤 생각이나 주장이 옳은지, 그른지에 대하여 근거를 들어 밝히는 것이다. 이를 논증(論證, demonstration)이라고 하는데 그 생각이나 주장에 근거가 알맞으면 논증이 성립되었다고 본다. 특히, 근거는 사회적으로 널리 인정받는 객관적인 자료여야 하는데, 전문가의 견해, 책, 학위논문, 학술논문, 뉴스, 신문 기사, 통계, 인터넷 자료 등이 이에 해당한다. 만약 객관적인 자료가 아니라면 신뢰도가 떨어질 것이고, 그러한 근거로는 상대방을 설득하기가 어려울 것이다.

다음 글은 악성 댓글을 줄일 수 있는 방법을 제안하고 그에 대한 근거를 밝힌다.

악성 댓글을 줄일 수 있는 효과적인 방법을 제안하고자 한다. 첫째, 악성 댓글에 대한 처벌이 강화되어야 한다. 현재 온라인상에 악성 댓글을 다는 경우, 「형법」과 「정보통신망 이용촉진 및 정보보호 등에 관한 법률」에 따라 악플러, 즉 악성 댓글을 다는 사람은 형사 처벌을 받게 된다. 하지만 경찰청 자료에 따르면 경찰 조사를 받은 악플러들이 재판도 거치지 않고, 대부분 벌금만 내고 풀려나는 것으로 나타났다. 이처럼 처벌이 강하지 않기 때문에 계속해서 악성 댓글이 달리고 있는 실정이다. 만약 악성 댓글에 대한 처벌이 강화되지 않는다면 악성 댓글은 줄어들지 않을 것이다.

이 글에서 글쓴이는 '악성 댓글에 대한 처벌이 강화되어야 한다'고 주장하고 있다. 그리고 이를 뒷받침하는 근거로 '경찰 조사를 받은 악플러들이 재판도 거치지 않고, 대부분 벌금만 내고 풀려나는 것으로 나타났다'는 '경찰청 자료'와 '만약 악성 댓글에 대한 처벌이 강화되지 않는다면 악성 댓글은 줄어들지 않을 것임'을 들었다. 이처럼 주장하는 글은 주장과 그 주장을 뒷받침하는 근거로 이루어진다.

주장하는 글의 일반적인 구성을 살펴보면, 먼저 서론에서는 글을 쓰는 이유나 목적, 글의 주제, 전개 방향에 대해 소개한다. 본론에 앞서 문제점 지적하기(문제 제기)가 이루어지는 부분이다. 다음으로, 본론에서는 자신의 주장과 이에 대한 근거를 구체적으로 든다. 주장하는 글에서 가장 핵심적인 부분이다. 끝으로, 결론에서는 본론의 내용을 요약·정리하고 주장을 강조하거나 전망을 제시한다. 본론과 상관없는 새로운 주장이나 반대되는 주장이 나와서는 안 되는 부분이다.

## 악성 댓글, 어떻게 하면 줄어들까?

사람들은 온라인상에서 각자의 의견을 댓글로 쉽게 표현한다. 긍정적인 댓글은 다른 사람의 의견을 보완하고 잘못을 지적하는 것인 반면, 부정적인 댓글은 다른 사람을 맹목적으로 비난하는 것이 대부분이다. 특히, 후자를 악성 댓글, 소위 악플이라고 하는데 그 내용에 따라 욕설, 비속어, 유언비어, 선정적 표현, 폭력적 표현, 조롱적 표현, 차별적 표현 등으로 구분된다. 무엇보다 악성 댓글은 타인에게 상처를 줄 뿐만 아니라 심각한 경우, 자살에까지 이르게 한다는 문제점이 있다. 게다가 악성 댓글로 인한 피해 사례는 해마다 증가하고 있다. 악성 댓글을 줄일 수 있는 효과적인 방법을 모색해야 할 때이다. 이를 위해 다음 세 가지를 제안하고자 한다.

첫째, 악성 댓글에 대한 처벌이 강화되어야 한다. 현재 온라인상에 악성 댓글을 다는 경우, 「형법」과 「정보통신망 이용촉진 및 정보보호 등에 관한 법률」에 따라 악플러, 즉 악성 댓글을 다는 사람은 형사 처벌을 받게 된다. 하지만 경찰청 자료에 따르면 경찰 조사를 받은 악플러들이 재판도 거치지 않고, 대부분 벌금만 내고 풀려나는 것으로 나타났다. 이처럼 처벌이 강하지 않기 때문에 계속해서 악성 댓글이 달리고 있는 실정이다. 만약 악성 댓글에 대한 처벌이 강화되지 않는다면 악성 댓글은 줄어들지 않을 것이다.

둘째, '악성 댓글 노출 방지 프로그램'의 도입이 필요하다. 악플러는 악성 댓글을 통해 사람들의 관심을 끌고, 그 관심을 즐기는 사람이다. 그런데 악성 댓글이 선한 댓글에 밀려 노출이 잘 안 되게 하면 어떤 일이 벌어질까? 다른 사람들에게 주목을 받지 못하는 악플러는 악성 댓글을 다는 즐거움을 잃고, 그만큼 악플을 덜 달게 될 것이다. 악플도 선플에 덮일 것이다. 전문가들은 이것이 '악성 댓글 노출 방지 프로그램'의 기대 효과라고 주장한다. 만약 악성 댓글이 선한 댓글보다 먼저 눈에 띈다면 악성 댓글은 줄어들지 않을 것이다.

셋째, '선한 댓글 보상 프로그램'을 도입할 필요가 있다. 온라인 운영자는 선한 댓글을 다는 사람에게 보너스 포인트를 지급하거나 회원 등급을 올려주는 등의 혜택을 줄 수 있다. 그 혜택이 이용자에게 자주 주어지고 보상이 크면 클수록 선한 댓글이 악성 댓글보다 많이 달리게 될 것이다. 만약 특별한 보상을 주지 않는다면 선한 댓글의 수는 늘지 않아서 악성 댓글이 줄어들지 않는 것과 거의 같을 것이다.

위에서 살펴본 바와 같이 세 가지 방법을 적극 활용한다면 온라인상에서 악성 댓글의 수는 줄어들 것이다. 그렇다고 해도 이 세 가지 방법이 악성 댓글을 줄일 수 있는 방법의 전부는 아니다. '악성 댓글에 대한 처벌을 강화하는 것', '악성 댓글 노출 방지 프로그램을 도입하는 것', '선한 댓글 보상 프로그램을 도입하는 것'에 더해 절실히 요구되는 것이 있다. 그것은 바로 다른 사람에게 악성 댓글이 얼마나 해가 되는지 인식하는 것이다. 악성 댓글은 다른 사람뿐만 아니라 나 자신을 향할 수도 있다. 이를 모든 온라인 사용자들이 알게 된다면 온라인 환경은 달라질 것이다. 이것이야말로 악성 댓글을 줄이는 데 효과가 가장 큰 방법임에 분명하다.

## 1 글의 내용과 <u>다른</u> 것을 고르십시오.

① 악성 댓글은 긍정적이기도 하고 부정적이기도 하다.

② 악성 댓글에 대한 처벌의 강화로 악성 댓글을 줄일 수 있다.

③ 악성 댓글은 악성 댓글 노출 방지 프로그램으로 줄일 수 있다.

④ 악성 댓글을 줄이기 위해 선한 댓글 보상 프로그램을 도입해야 한다.

## 2 사람들이 악성 댓글을 다는 이유는 무엇입니까?

① 온라인 운영자에게 특별한 보상을 받으려고

② 사람들의 관심을 끌고, 관심을 즐기고 싶어서

③ 선한 댓글이 눈에 띄는 것을 싫어하기 때문에

④ 다른 사람의 의견을 보완하고 잘못을 지적하려고

## 문제점 지적하기, 주장하기

### 1   문제점 지적하기

어떤 주제와 관련하여 문제점이 무엇인지 정확히 가리켜서 말하는 것이다. '–는 문제가(문제점이) 있다(나타나다)'와 같은 표현을 쓸 수 있다. 다음은 「악성 댓글, 어떻게 하면 줄어들까?」라는 글의 서론이다. 이 부분에서 '악성 댓글은 타인에게 상처를 줄 뿐만 아니라 심각한 경우, 자살에까지 이르게 한다'는 문제점이 있음을 지적하고 있다. 이처럼 문제점 지적하기는 주로 서론에서 이루어진다.

> 사람들은 온라인상에서 각자의 의견을 댓글로 쉽게 표현한다. 긍정적인 댓글은 다른 사람의 의견을 보완하고 잘못을 지적하는 것인 반면, 부정적인 댓글은 다른 사람을 맹목적으로 비난하는 것이 대부분이다. 특히, 후자를 악성 댓글, 소위 악플이라고 하는데 그 내용에 따라 욕설, 비속어, 유언비어, 선정적 표현, 폭력적 표현, 조롱적 표현, 차별적 표현 등으로 구분된다. 무엇보다 악성 댓글은 타인에게 상처를 줄 뿐만 아니라 심각한 경우, 자살에까지 이르게 한다는 <u>문제가(문제점이) 있다(나타난다)</u>. 게다가 악성 댓글로 인한 피해 사례는 해마다 증가하고 있다. 악성 댓글을 줄일 수 있는 효과적인 방법을 모색해야 할 때이다. 이를 위해 다음 세 가지를 제안하고자 한다.

### 2   주장하기

어떤 주제나 문제점에 대해 자신의 생각이나 견해를 드러내 보이는 것이다. '–어야 하다, A가 필요하다, –을 필요가 있다'와 같은 표현을 쓸 수 있다. 다음은 「악성 댓글, 어떻게 하면 줄어들까?」라는 글의 본론이다. 이 부분에서 악성 댓글을 줄일 수 있는 방법을 주장하고 있다. 이처럼 주장하기는 주로 본론에서 이루어진다.

첫째, 악성 댓글에 대한 처벌이 강화되어야 한다. 현재 온라인상에 악성 댓글을 다는 경우, 「형법」과 「정보통신망 이용촉진 및 정보보호 등에 관한 법률」에 따라 악플러, 즉 악성 댓글을 다는 사람은 형사 처벌을 받게 된다. 하지만 경찰청 자료에 따르면 경찰 조사를 받은 악플러들이 재판도 거치지 않고, 대부분 벌금만 내고 풀려나는 것으로 나타났다. 이처럼 처벌이 강하지 않기 때문에 계속해서 악성 댓글이 달리고 있는 실정이다. 만약 악성 댓글에 대한 처벌이 강화되지 않는다면 악성 댓글은 줄어들지 않을 것이다.

둘째, '악성 댓글 노출 방지 프로그램'의 도입이 필요하다. 악플러는 악성 댓글을 통해 사람들의 관심을 끌고, 그 관심을 즐기는 사람이다. 그런데 악성 댓글이 선한 댓글에 밀려 노출이 잘 안 되게 하면 어떤 일이 벌어질까? 다른 사람들에게 주목을 받지 못하는 악플러는 악성 댓글을 다는 즐거움을 잃고, 그만큼 악플을 덜 달게 될 것이다. 악플도 선플에 덮일 것이다. 전문가들은 이것이 '악성 댓글 노출 방지 프로그램'의 기대 효과라고 주장한다. 만약 악성 댓글이 선한 댓글보다 먼저 눈에 띈다면 악성 댓글은 줄어들지 않을 것이다.

셋째, '선한 댓글 보상 프로그램'을 도입할 필요가 있다. 온라인 운영자는 선한 댓글을 다는 사람에게 보너스 포인트를 지급하거나 회원 등급을 올려주는 등의 혜택을 줄 수 있다. 그 혜택이 이용자에게 자주 주어지고 보상이 크면 클수록 선한 댓글이 악성 댓글보다 많이 달리게 될 것이다. 만약 특별한 보상을 주지 않는다면 선한 댓글의 수는 늘지 않아서 악성 댓글이 줄어들지 않는 것과 거의 같을 것이다.

**1  다음 글을 읽고 문제점을 지적하는 문장을 쓰십시오.**

　　온라인에서 우리는 대체로 익명성(匿名性, anonymity)을 이용해 자유롭고 편하게 활동한다. 심지어 어떤 사람은 익명성 뒤에 숨어서 상대방에게 욕설을 하거나 비난을 하는 댓글을 달기도 한다. 가장 큰 문제는 이러한 악플 때문에 많은 사람들이 마음에 상처를 입고 괴로워한다는 것이다. 특히, 유명한 연예인이나 스포츠 선수 중에는 악플에 시달리다 자신의 생명을 버리는 경우까지 있었다. 이처럼 사회적으로 악플 문제가 심각해지자 2007년 5월 23일 선플운동본부(www.sunfull.or.kr)가 생겨나서 악플을 방지하기 위한 선플달기운동을 시작했다.

---

**2  다음 글을 읽고 주장하는 내용의 문장을 쓰십시오.**

　　몇 년 전 대법원은 한 자료에서 사이버 폭력(cyber 暴力), 즉 사이버불링(cyberbullying)으로 인해 형사 처벌을 받은 범죄자 중 40대와 50대가 각각 30%이고, 30대가 20%라고 밝힌 적이 있다. 이러한 수치들은 사이버 폭력이 단순히 미성년자들의 잘못이 아니라 사회 전반의 문제라는 것을 보여 준다. 하지만 사이버 폭력 예방교육 이수율은 청소년이 89.5%에 이른 데 반해 성인은 9.6%에 그쳐 뚜렷하게 낮았다. 게다가 사이버 폭력의 형사 처벌 가능성에 대해 인지한 비율도 청소년은 33.7%였으나 성인은 21.1%에 불과한 것으로 조사됐다.

---

## 근거 제시하기 1(통계자료 사용하기), 근거 제시하기 2(전문가의 견해 인용하기)

### 1　근거 제시하기 1(통계자료 사용하기)

주장을 뒷받침하는 근거로 통계자료를 제시하는 것이다. 'A에 의하면(따르면) -는 것으로 나타났다'와 같은 표현을 쓸 수 있다. 다음은 「악성 댓글, 어떻게 하면 줄어들까?」라는 글의 본론이다. 이 부분에서 '악성 댓글에 대한 처벌이 강화되어야 한다'는 주장을 뒷받침하는 근거로 '경찰청 자료'에 '경찰 조사를 받은 악플러들이 재판도 거치지 않고, 대부분 벌금만 내고 풀려나는 것으로 나타났음'을 들었다. 이처럼 통계자료를 들어 근거 제시하기는 주로 본론에서 이루어진다.

> 첫째, 악성 댓글에 대한 처벌이 강화되어야 한다. 현재 온라인상에 악성 댓글을 다는 경우, 「형법」과 「정보통신망 이용촉진 및 정보보호 등에 관한 법률」에 따라 악플러, 즉 악성 댓글을 다는 사람은 형사 처벌을 받게 된다. 하지만 경찰청 자료에 의하면(따르면) 경찰 조사를 받은 악플러들이 재판도 거치지 않고, 대부분 벌금만 내고 풀려나는 것으로 나타났다. 이처럼 처벌이 강하지 않기 때문에 계속해서 악성 댓글이 달리고 있는 실정이다. 만약 악성 댓글에 대한 처벌이 강화되지 않는다면 악성 댓글은 줄어들지 않을 것이다.

### 2　근거 제시하기 2(전문가의 견해 인용하기)

주장을 뒷받침하는 근거로 전문가의 견해를 제시하는 것이다. 'A는 B이라고 주장하다'와 같은 표현을 쓸 수 있다. 다음 글에서 "악성 댓글 노출 방지 프로그램'의 도입이 필요하다"는 주장을 뒷받침하는 근거로 '악플이 선플에 덮이는 것이 '악성 댓글 노출 방지 프로그램'의 기대 효과'라는 '전문가들'의 견해를 들었다. 이처럼 전문가의 견해를 인용하여 근거 제시하기는 주로 본론에서 이루어진다.

둘째, '악성 댓글 노출 방지 프로그램'의 도입이 필요하다. 악플러는 악성 댓글을 통해 사람들의 관심을 끌고, 그 관심을 즐기는 사람이다. 그런데 악성 댓글이 선한 댓글에 밀려 노출이 잘 안 되게 하면 어떤 일이 벌어질까? 다른 사람들에게 주목을 받지 못하는 악플러는 악성 댓글을 다는 즐거움을 잃고, 그만큼 악플을 덜 달게 될 것이다. 악플도 선플에 덮일 것이다. 전문가들은 이것이 '악성 댓글 노출 방지 프로그램'의 기대 효과라고 주장한다. 만약 악성 댓글이 선한 댓글보다 먼저 눈에 띈다면 악성 댓글은 줄어들지 않을 것이다.

**1** 다음 통계자료를 바탕으로 하여 주장을 뒷받침하는 근거를 제시하십시오.

울산학교 언어폭력 피해율

단위: %
자료: 교육부

선플달기 운동에 전국의 학생들을 참여시킬 필요가 있다. _____

_____

_____

_____

**2** 다음 인터뷰를 바탕으로 하여 주장을 뒷받침하는 근거를 제시하십시오.

　□□□ **기자**: 악플에 시달리던 유명 유튜버와 배구선수가 세상을 떠났습니다. 참으로 안
　타까운 일입니다. 이래서 악성 댓글은 손가락 살인, 인격 살인이라고까지 불립니다. 악
　플 문제를 해결할 방법은 무엇일까요?

　○○○ **교수**: 네. 근본적인 해결 방안은 온라인 사용자들의 악플 인식 변화에 있다고 생각
　합니다. 이를 위해 학교와 직장에서 사이버 폭력 예방교육을 의무화할 필요가 있습니다.

모든 사회 구성원들에게 사이버 폭력 예방교육을 의무화할 필요가 있다. _____

_____

_____. 온라인 사

용자들이 악플이 나쁘다고 생각해야 악플이 줄어들고 그로 인한 피해도 감소할 것

이기 때문이다.

## 근거 제시하기 3(가정하기), 요약하기

### 1 근거 제시하기 3(가정하기)

주장을 뒷받침하는 근거를 가정하여 제시하는 것이다. '만약 –으면(–는다면) –을 것이다'와 같은 표현을 쓸 수 있다. 다음은 「악성 댓글, 어떻게 하면 줄어들까?」라는 글의 본론이다. 이 부분에서 "선한 댓글 보상 프로그램'을 도입할 필요가 있다'는 주장을 뒷받침하는 근거로 '만약 특별한 보상을 주지 않으면(않는다면) 선한 댓글의 수는 늘지 않아서 악성 댓글이 줄어들지 않는 것과 거의 같을 것임'을 들었다. 이처럼 가정하여 근거 제시하기는 주로 본론에서 이루어진다.

> 셋째, '선한 댓글 보상 프로그램'을 도입할 필요가 있다. 온라인 운영자는 선한 댓글을 다는 사람에게 보너스 포인트를 지급하거나 회원 등급을 올려주는 등의 혜택을 줄 수 있다. 그 혜택이 이용자에게 자주 주어지고 보상이 크면 클수록 선한 댓글이 악성 댓글보다 많이 달리게 될 것이다. <u>만약</u> 특별한 보상을 주지 <u>않으면(않는다면)</u> 선한 댓글의 수는 늘지 않아서 악성 댓글이 줄어들지 않는 것과 거의 같을 <u>것이다</u>.

### 2 요약하기

본론의 내용을 요약·정리하여 자신의 생각이나 견해를 드러내 보이는 것이다. '위에서(앞에서) 살펴본 바와 같이, 앞서 제시한 바와 같이'와 같은 표현을 쓸 수 있다. 다음은 「악성 댓글, 어떻게 하면 줄어들까?」라는 글의 결론이다. 이 부분에서 본론의 내용을 요약·정리하고 있다. 이처럼 요약하기는 결론에서 이루어진다.

> <u>위에서(앞에서) 살펴본 바와 같이</u> 세 가지 방법을 적극 활용한다면 온라인상에서 악성 댓글의 수는 줄어들 것이다.
> <u>앞서 제시한 바와 같이</u> 세 가지 방법을 적극 활용한다면 온라인상에서 악성 댓글의 수는 줄어들 것이다.

1  다음 글을 읽고 '가정하기' 표현을 사용하여 주장을 뒷받침하는 근거를 제시하십
    시오.

    국가인권위원회(인권위)가 15세 이상의 남녀 1,200명을 대상으로 한 「온라인 혐오
표현 인식조사」 결과를 발표했다. 조사 결과에 따르면 국민 10명 중 7명은 최근 1년 동
안 온·오프라인에서 혐오표현을 경험한 것으로 나타났다. 온라인에서 접한 혐오표현의
대상은 '여성'이라는 응답이 80.4%로 가장 높았고, '특정지역 출신'(76.9%), '페미니스
트'(76.8%), '노인'(72.5%), '남성'(72.0%), '성소수자'(71.5%), '장애인'(67.0%) 등이 그
뒤를 이었다.
    코로나19 이후 우리 사회에 혐오와 차별이 '증가했다'고 생각하는 응답자의 비율이
59.5%로 나타났다. 응답자들은 향후 혐오와 차별로 인해 '사회갈등이 심화됨'(90.2%),
'범죄로 이어짐'(87.7%), '소수자 표현자유가 위축됨'(79.5%), '차별현상이 굳어
짐'(79.2%)을 전망했다. '차별현상이 자연적으로 해소될 것'이라는 응답은 26.1%에 불과
했다.
    혐오와 차별의 해소 방안으로는 '정치인, 언론이 혐오를 일으킬 수 있는 표현이나 보
도를 자제해야 한다'(90.3%)는 응답이 가장 높았고, '학교 내 혐오차별 예방 교육 확
대'(89.9%), '혐오차별 인식개선 교육·캠페인 강화'(89.4%)가 비슷한 비율이었다. '악의
적 혐오표현 사법조치 강화'(86.1%), '정부 차원 종합적 대책 수립'(86.0%), '관련 법률 제
정'(85.7%), '인권위 등 차별시정기구 권한 강화'(81.0%)가 그 뒤를 이었다.

---

---

따라서 혐오와 차별의 해소를 위해 우리 사회가 노력해야 할 것이다.

**2**  다음 글을 읽고 '요약하기' 표현을 사용하여 결론을 완성하십시오.

혐오표현은 온라인을 통해 널리 빠르게 확산된다. 온라인상의 혐오표현은 익명성, 지속성이 있는 데다 초국가적인 특성까지 있어서 신속하게 규제하기가 어렵다. 심각한 혐오표현을 차단하고 범죄자를 처벌하는 것도 중요하지만 그것만으로는 이 문제를 해결할 수 없는 이유가 여기에 있다. 무엇보다 혐오표현을 발생시키는 요인을 개선해 나가려는 노력이 요구된다.

먼저, 혐오표현에 대한 인식을 바꿀 필요가 있다. 혐오표현은 피해자에게 심적 피해만 끼치는 단순한 욕설이 아니라 인간의 가치와 존엄성까지 공격하는 흉기이다. 더 나아가 사회 전반에 혐오와 차별을 발생시키고 사회 통합을 방해한다. 따라서 혐오표현이 소수자(少數者, minority)에 대한 공격이며 차별 행위임을 모든 사회 구성원이 분명히 인식도록 하는 것이 중요하다. 다음으로, 심각한 혐오표현을 규제할 새로운 법안이 마련되어야 한다. (중략)

_____

_____. 현재 우리 사회는 혐오와 혐오표현으로 인해 위험한 사회라고 부를 만하다. 그 피해가 이미 극심한 수준이므로 더 미루어서는 안 된다. 지금이 바로 우리 사회에 악영향을 미치고 있는 혐오표현을 몰아내기 위해 발 벗고 나서야 할 때다.

_____

_____

# 문단 쓰기

※ 다음 자료를 바탕으로 하여 '인터넷 댓글 실명제'에 찬성하거나 반대하는 글을 한 문단으로 쓰십시오.

인터넷 댓글 실명제

**악성 댓글에 불쾌감 느낀다**

16 아니다

84 그렇다

**〈악플을 작성한 이유〉**
1위 (대상자에 대한) 분노(55%)
2위 시기 · 질투(16%)
3위 스트레스 해소(15%)
4위 단순한 장난(9%)

**〈인터넷 실명제에 대한 찬반 의견〉**
작성자의 실명 공개 찬성(71%) vs
작성자의 실명 공개 반대(29%)

단위: %
자료: 인크루트·두잇서베이

_____

_____

_____

_____

_____

_____

_____

글쓰기

**1** '온라인 댓글은 차단해야 하는가?'라는 문제와 관련하여 자신의 입장(찬성/반대)을 정하십시오. 다음 표에 따라 내용을 조직하여 개요를 작성하십시오.

1) 내용 조직하기

| 글감 생성하기 | | |
|---|---|---|
| 내용 정리하기 | | |

2) 개요 작성하기

| 제목 | |
|---|---|
| 주제문 | |
| 서론 | |
| 본론 | |
| 결론 | |

**2** 작성한 개요를 바탕으로 주장하는 글을 쓰십시오.

| 제목: | | | |
|---|---|---|---|
| 학과: | 학번: | 이름: | 제출일:　년　월　일 |

## ✏️ 글쓰기 자가 평가표

| 구분 | 평가 내용 | ○ | △ | × |
|------|-----------|---|---|---|
| 전체 | 1. 글의 주제가 잘 드러나 있는가? | | | |
| | 2. 주제에서 벗어난 내용은 없는가? | | | |
| | 3. 개요와 비교했을 때 빠뜨리거나 달라진 부분이 있는가? | | | |
| | 4. 서론-본론-결론이 분명하게 드러나는가? | | | |
| | 5. 객관적이고 다양한 자료를 제시하였는가? | | | |
| 문단 | 1. 문단과 문단의 연결이 자연스러운가? | | | |
| | 2. 각 문단의 중심 내용이 잘 드러나는가? | | | |
| | 3. 문단이 적절하게 나뉘어 있는가? | | | |
| 표현 | 1. 문어체로 쓰여 있는가? | | | |
| | 2. 문장의 연결이 자연스러운가? | | | |
| | 3. 잘못 사용한 어휘나 표현은 없는가? | | | |
| | 4. 맞춤법과 띄어쓰기를 잘 지키고 있는가? | | | |

**1  주장하는 글의 구성**

　서론: 글을 쓰는 이유나 목적, 글의 주제, 전개 방향에 대해 소개

　본론: 자신의 주장과 이에 대한 근거를 구체적으로 들기

　결론: 본론의 내용을 요약·정리하고 주장을 강조하거나 전망을 제시

**2  주장하는 글과 관련된 표현**

1) 문제점 지적하기

　어떤 주제와 관련하여 문제점이 무엇인지 정확히 가리켜서 말하는 것이다.

　–는 문제가(문제점이) 있다(나타나다)

2) 주장하기

　어떤 주제나 문제점에 대해 자신의 생각이나 견해를 드러내 보이는 것이다.

　–어야 하다, A가 필요하다, –을 필요가 있다

3) 근거 제시하기

　주장을 뒷받침하는 근거로 통계자료, 전문가의 견해를 제시하는 것이다. 또는 주장을 뒷받침하는 근거를 가정하여 제시하는 것이다.

　① 통계자료 사용하기: A에 의하면(따르면) –는 것으로 나타났다
　② 전문가의 견해 인용하기: A는 B이라고 주장하다
　③ 가정하기: 만약 –으면(–는다면) –을 것이다

4) 요약하기

　본론의 내용을 요약·정리하여 자신의 생각이나 견해를 드러내 보이는 것이다.

　위에서(앞에서) 살펴본 바와 같이, 앞서 제시한 바와 같이

## 새 단어

| | |
|---|---|
| 권한 | 언어폭력 |
| 규제하다 | 욕설 |
| 그르다 | 위축되다 |
| 극심하다 | 유언비어 |
| 근거 | 의무화하다 |
| 근본적 | 이수율 |
| 급격히 | 익명성 |
| 논증 | 인식하다 |
| 댓글 | 인지하다 |
| 맹목적 | 자제하다 |
| 몰아내다 | 재판 |
| 미루다 | 절실히 |
| 밀리다 | 정보통신망 |
| 벌금 | 제정 |
| 법률 | 조롱 |
| 법안 | 조치 |
| 보상 | 존엄성 |
| 비난하다 | 지급하다 |
| 비속어 | 지속성 |
| 사법 | 지적하다 |
| 선정적 | 질투 |
| 선하다 | 차단하다 |
| 성소수자 | 차별적 |
| 소수자 | 처벌 |
| 시달리다 | 초국가적 |
| 실명 | 촉진하다 |
| 실명제 | 폭력적 |
| 실정 | 피해율 |
| 심적 | 해소되다 |
| 악성 | 혐오표현 |
| 악영향 | 형법 |
| 악의적 | 흉기 |

## 관용어

관용어(慣用語, an idiom)는 관용적으로 둘 이상의 단어가 결합하여 특정한 뜻을 나타내는 언어 형태이다. 흔히 비문법적이거나 문법적이더라도 구성 요소의 결합만으로 전체 의미를 이해하기 어려운 표현 등이 이에 해당한다. '눈이 높다', '머리를 식히다' 따위가 이에 해당한다.

1. 가슴이 찡하다: 감동을 받다.

　　주인공이 큰 문제를 해결한 후 웃는 모습에 <u>가슴이 찡했다</u>.

2. 눈이 어둡다: 시력이 약하다

　　할머니는 <u>눈이 어두워</u> 책을 잘 읽지 못하신다.

3. 다리를 뻗고 자다: 마음을 놓고 편하게 자다.

　　시험이 끝났으니 이제 <u>다리를 뻗고 잘</u> 수 있겠다.

4. 몸살이 나다: 어떤 일을 하고 싶어 못 견디다.

　　방학인데도 여행을 갈 수 없어서 <u>몸살이 날</u> 것 같다.

5. 발 벗고 나서다: 적극적으로 나서거나 적극적인 태도를 취하다

　　그는 여러 사람이 함께 하는 일이라면 항상 <u>발 벗고 나서는</u> 사람이다.

6. 손발이 맞다: 함께 일을 하는 데에 마음이나 의견, 행동 방식 따위가 서로 맞다.

　　처음에 나는 그 사람과 <u>손발이 맞지</u> 않아 힘들었다.

7. 입에 침이 마르다: 다른 사람이나 물건에 대하여 거듭해서 말하다.

    사람들은 <u>입에 침이 마르</u>도록 아주머니를 칭찬하였다.


8. 진땀을 흘리다: 어려운 일이나 난처한 일을 당해서 진땀이 나도록 몹시 애를 쓰다.

    서울시는 수많은 시민들에게 항의 전화를 받느라 <u>진땀을 흘렸다</u>.


9. 코가 땅에 닿다: 머리를 깊이 숙이다.

    아저씨는 <u>코가 땅에 닿</u>도록 할아버지께 인사를 드렸다.


10. 팔짱을 끼고 보다: 앞에서 벌어지고 있는 일을 나서서 해결하려 하지 아니하고
    보고만 있다.

    그렇게 <u>팔짱을 끼고 보</u>고 있으면 안 된다.


11. 허리가 휘다: 감당하기 어려운 일을 하느라 힘이 부치다.

    매일 밤늦게까지 일하며 등록금을 마련하느라 <u>허리가 휠</u> 지경이다.

## 논증의 방법

### 1 연역법

연역법(演繹法, the deductive method)이란 일반적 사실이나 원리를 전제로 하여 개별적인 특수한 사실이나 원리를 결론으로 이끌어 내는 방법이다. 먼저 주장을 드러내고, 다음으로 주장에 대한 근거를 제시하여 주장을 증명한다.

> 모든 사람은 죽는다. → A는 사람이다. → 그러므로 A는 죽는다.

### 2 귀납법

귀납법(歸納法, the inductive method)이란 개별적인 특수한 사실이나 원리를 전제로 하여 일반적인 사실이나 원리로서의 결론을 이끌어 내는 방법이다. 먼저 근거를 제시하고, 나중에 이를 종합·정리하여 주장을 드러낸다.

> A는 죽었다. B도 죽었다. C도 죽었다. → A, B, C는 모두 사람이다. → 그러므로 모든 사람은 죽는다.

### 3 변증법

변증법(辨證法, dialectic)이란 모순 또는 대립을 근본 원리로 하여 사물의 운동을 설명하려는 논리적 사고법이다. 인식이나 사물은 정(正)·반(反)·합(合) 3단계를 거쳐 전개된다고 본다. 어떤 생각이나 견해에 이어 그것에 반대되는 생각이나 견해를 내세운 뒤 양쪽을 모두 고려한 주장을 드러낸다.

> 개인의 자유가 우선이라고 생각한다. 자유는 개인이 태어날 때 얻은 당연한 권리이기 때문이다. 물론 지나치게 자유를 추구하면 방종의 문제가 발생할 수도 있다. 하지만 이러한 문제는 예외적인 것일 뿐이며 개인의 자유를 부정할 수 있는 근거는 못 된다.

　우리가 일상생활에서 자주 보게 되는 사람들에게 예의를 갖춰 잘 대하는가 아니면 생전 처음 만났으며 다신 안 볼 것 같은 사람들에게 잘할 것인가? 물론 사람의 성격이나 조건에 따라 다르겠지만 대부분 자주 보는 사람들에게 잘 행동하게 된다. 앞으로 또 만날 가능성이 있는 사람들과 나쁜 관계를 유지하는 것은 그다지 현명하지 않은 일이라고 생각하기 때문이다. 그리고 이러한 판단은 온라인에서도 그대로 이어진다.

　온라인에서 잠깐 대화하고 끝날 사람에게 예의를 갖추어 공손히 대하는 것은 쉽지 않다. 더구나 상대방에게 성별, 연령, 외모, 사는 곳 등 여러 가지 정보가 서로 노출되지 않으면 더욱 그러하다. 온라인에서 욕설이나 악플 등 부정적인 행위가 쉽게 발생하는 근본적인 이유가 이 때문이다. 흔히 말하는 '익명성'이 존재하는 온라인에서 반사회적 행위가 나타나기 쉽다. 하지만 어떠한 이유로든 상대방을 다시 만날 가능성이 있다고 생각한다면 이야기는 달라진다. 비록 면대면이 아닌 온라인일지라도 상대방에게 예의를 갖추게 되고 이에 따라 긍정적인 인간관계를 형성하는 것이 가능해진다.

　그렇다면 비록 대인 관계를 만드는 것이 가능하긴 해도 온라인 환경이 면대면에 비해 그다지 좋은 환경을 제공하지 못한다는 것인가? 그렇지 않다. 왈서(Walther)는 사회 정보 처리 모형으로 온라인에서 인간관계를 형성하는 것이 가능함을 설명하고 이에 더해 초대인 효과(hyper-personal effect)가 발생하면 면대면보다 오히려 온라인에서 더욱 친밀한 관계가 만들어질 수 있음을 발견했다.

　온라인 커뮤니케이션의 특징은 실시간 면대면 대화에 비해 메시지를 작성하는 데에 시간이 더욱 많이 주어진다는 것이다. 상대방이 작성한 글을 보고 순간적으로 답변할 필요가 없기 때문이다. 더구나 게시판의 글이라면 내가 원할 때 아무 때나 답글을 올려도 된다. 사회 정보가 부족한 온라인에서 상대방은 나에 대한 정보가 부족하다. 따라서 주로 내가 작성하는 글로 나를 평가한다. 그런데 글의 작성에 시간이 많이 주어지기 때문에 나를 보다 좋게 포장할 시간적 여유가 많다. 상대방에게 나의 좋은 모습만을 보여 줄 수 있다.

우리가 일반적으로 면접을 볼 때 어려운 점 중 하나는 질문에 즉각 대답해야 한다는 것이다. 대답에 충분한 시간이 주어지지 않는 것이다. 하지만 만약 하나의 질문이 주어지고 원하는 때에 답을 할 수 있다면 어떨까? 더구나 상대는 내가 무엇을 하는지, 어디서 답변을 찾고 있는지 알 길이 없다. 오로지 내 답변만을 보고 나를 판단하게 된다. 이때 나는 최고의 답변을 준비해 나를 꾸밀 수 있다. 상대 역시 마찬가지다. 나의 질문에 충분한 시간을 가지고 최선의 답변을 할 수 있다.

온라인에서 이런 대화가 반복된다면 어떻게 될까? 대화를 주고받는 모두가 자신의 모습을 최대한 긍정적으로 만들어 나갈 수 있다. 우리가 면대면에서 흔히 저지르는 이른바 '말실수'를 할 가능성이 현저히 낮아지기 때문이다. 왈서는 이렇게 형성되는 관계를 초대인적 관계라고 불렀는데 그 의미는 일반적인 면대면 관계에 비해 더욱 강한 관계라는 것이다. 가령 영화 〈유브갓 메일(You've got mail)〉 속 두 남녀는 면대면에서는 서로 원수와 같은 사이지만 서로가 누군지 모르는 온라인에서는 친밀한 관계를 형성해 간다. 서로의 일상적 모습보다 온라인으로 '가꾸어진' 모습을 보여 줄 수 있었기 때문이다.

– 이민영, 『인터넷 심리학』, 커뮤니케이션북스, 2015, pp. 45-47.

# 부록

# 글쓰기 효능감 진단 설문지

글쓰기 진단 평가는 글쓰기에 대해 스스로 느끼고 있는 감정적인 부담감의 정도를 이해하고 이를 낮추기 위한 효과적인 방법을 찾아내며, 글쓰기에 대한 자기주도적 학습과 쓰기능력을 개발하는데 목적이 있다. 진단 평가의 결과를 통해 설문의 응답자는 스스로 학습 상태를 인지하고 향후 글쓰기 수업을 들으면서 어떤 부분의 학습이 더 필요한지를 미리 알아 학습 내용을 계획하고 실제 글쓰기 과정에서 발생하는 문제에 효과적으로 대응할 수 있다.

효능감 설문은 그러므로 글쓰기 학습 전, 또는 글쓰기 과정을 학습한 후에 학습자가 스스로 자신의 글쓰기 능력의 정도에 대해 진단해 봄으로써 자신의 실제 글쓰기 능력과 글쓰기에 대한 자신감 사이의 괴리를 파악하는데 매우 도움이 되는 평가도구이다. 또한, 그리고 글쓰기와 관련한 심리적 여과 정도를 스스로 진단해 볼 수 있다. 글쓰기 지식이 어떤 것인지를 아는 능력과 글쓰기에 필요한 지식을 어느 정도 습득하고 있는지를 아는 능력을 비교하며, 글쓰기 과정에서 지식을 사용할 수 있는 능력과 글쓰기의 목표에 도달할 수 있는 수행능력을 진단할 수 있는 문항으로 구성되어 있다.

다음 '자기 효능감 설문'은 숭실대학교에서 연구 개발한 '효능감설문 문항'을 바탕으로 하였으며, 현재 한국인 학생을 대상으로 하는 설문 도구를 기반으로 외국인 대학생들의 글쓰기 효능감 측정에 적용할 수 있도록 응용하였다. 설문은 글쓰기에 대한 지식 영역과 감정 여과의 정도를 진단하기 위한 감정 영역으로 구성하였으며, 세부 항목으로 오류 수정, 문제 해결 능력, 글쓰기 지식, 쓰기 과제 수행 능력에 대한 선행 지식을 묻는 하위 영역과 글쓰기 민감도, 학습 집단에 대한 신뢰도, 학습 과정에 대한 신뢰도를 묻는 감정 영역을 설정하였다. 각 영역은 6개의 문항으로 구성하였으며 질문의 답변은 '전혀 그렇지 않다(1)'부터 '매우 그렇다(5)'에 이르기까지 5단계로 설정하고 각각을 점수로 배점하여 설문을 마친 후에 각 영역의 점수를 합산하여 글쓰기에 대한 효능감의 정도를 측정해 볼 수 있도록 하였다.

## 1. 오류 수정 능력

글을 쓸 때 가장 기본이 되는 것은 바르고 정확하게 쓰는 것이다. 글은 다른 사람과 소통을 위한 또 하나의 방법이기 때문에 글에서 오류가 발생하는 것은 곧 소통에서 오해를 불러오기 때문이다. 그러므로 언어의 규범인 맞춤법, 문법, 문장 구성 방법을 아는 것이 곧 오류 수정의 능력이다. 오류 수정 영역은 글을 쓸 때 가장 작은 단위인 맞춤법, 어휘의 적절한 선택, 문장의 필수 성분을 제 자리에 배치하는 능력, 그리고 중의적 문장을 피하고 정확한 문장을 구성할 수 있는 글쓰기의 규범적 영역을 진단하는 데에 목적이 있다.

(1) 글에서 잘못된 맞춤법을 찾아 수정할 수 있다.

전혀 그렇지 않다( 1 )  그렇지 않다( 2 )   보통이다( 3 )   그렇다( 4 )   매우 그렇다( 5 )

(2) 주어, 서술어 등이 갖추어지지 않은 문장을 구분할 수 있다.

전혀 그렇지 않다( 1 )  그렇지 않다( 2 )   보통이다( 3 )   그렇다( 4 )   매우 그렇다( 5 )

(3) 문장의 문법적 오류를 찾아 바르게 고칠 수 있다.

전혀 그렇지 않다( 1 )  그렇지 않다( 2 )   보통이다( 3 )   그렇다( 4 )   매우 그렇다( 5 )

(4) 글을 쓴 후에 의미가 정확하지 않거나 어휘가 잘못 사용된 부분을 찾을 수 있다.

전혀 그렇지 않다( 1 )  그렇지 않다( 2 )   보통이다( 3 )   그렇다( 4 )   매우 그렇다( 5 )

(5) 글을 쓴 후에 다시 읽으면서 어디를 수정해야 하는지 알 수 있다.

전혀 그렇지 않다( 1 )  그렇지 않다( 2 )   보통이다( 3 )   그렇다( 4 )   매우 그렇다( 5 )

(6)동료가 쓴 글을 읽고 맞춤법이나 문법 등을 수정하는 데에 도움이 되는 피드백을 할 수 있다.

전혀 그렇지 않다( 1 )  그렇지 않다( 2 )   보통이다( 3 )   그렇다( 4 )   매우 그렇다( 5 )

## 2. 쓰기 지식 사용 능력

글을 쓰기 위해서는 글의 목적을 이해하는 과정, 주제를 파악하고 이에 맞춘 자료를 찾는 과정, 그리고 글의 장르와 형식에 맞추어 구성하는 과정, 그리고 글을 쓴 후에 수정과 보완을 하는 과정이 필요하다. 이같이 글을 쓰는 과정에서 발생하는 문제 상황을 파악하는 동시에 이를 해결하는 방법을 알고 적용하는 능력이 쓰기 지식 사용 능력이다. 해당 영역에서는 글을 쓰기 위해 밑그림을 그리는 과정에서부터 글을 쓰면서 필요한 자료를 모으고 내용을 적절하게 배치하는 과정 등 쓰기 과정을 계획하고 내용을 구성하는 능력, 그리고 글을 쓴 후에 완성도를 높이기 위해 수정하고 보완하는 과정에서 적절한 방법을 적용할 수 있는 능력을 평가한다.

(1) 글을 쓰는 과제를 부여받았을 때, 글의 주제와 목적에 맞는 장르 형식을 찾아 글을 쓸 수 있다.

전혀 그렇지 않다( 1 )　그렇지 않다( 2 )　보통이다( 3 )　그렇다( 4 )　매우 그렇다( 5 )

(2) 글을 쓰는데 도움이 될 만한 자료를 어디에서 찾을 수 있는지 알고 있다.

전혀 그렇지 않다( 1 )　그렇지 않다( 2 )　보통이다( 3 )　그렇다( 4 )　매우 그렇다( 5 )

(3) 글을 쓰기 전에 글의 전체적인 모습을 상상하면서 글의 구조와 중요 부분을 계획하고 개요를 작성할 수 있다.

전혀 그렇지 않다( 1 )　그렇지 않다( 2 )　보통이다( 3 )　그렇다( 4 )　매우 그렇다( 5 )

(4) 주장을 뒷받침할 수 있는 적절한 근거나 예시를 찾아서 문단을 구성할 수 있다.

전혀 그렇지 않다( 1 )　그렇지 않다( 2 )　보통이다( 3 )　그렇다( 4 )　매우 그렇다( 5 )

(5) 하나의 주제에 집중하여 주제 전달에 도움이 되는 한 편의 글을 완성할 수 있다.

전혀 그렇지 않다( 1 )　그렇지 않다( 2 )　보통이다( 3 )　그렇다( 4 )　매우 그렇다( 5 )

(6) 글을 완성한 후에 다시 읽으면서 부족한 부분들을 찾아 첨가하거나 더 이상 필요하지 않은 부분들을 삭제할 수 있다

전혀 그렇지 않다( 1 )　그렇지 않다( 2 )　보통이다( 3 )　그렇다( 4 )　매우 그렇다( 5 )

## 3. 과제 수행 능력

과제 수행과 관련한 효능감 설문은 응답자에게 글쓰기 과제를 부여받았을 때 과제의 목표나 형식을 판단하고 과제 부여자의 의도나 환경에 맞추어 목표를 달성할 수 있는가, 또는 그런 자신감이 있는가를 묻는다. 글을 실제로 쓰는 능력에는 글쓰기 지식을 가지고 있는 것과 별도로 과제를 부여받은 상황에서 글을 읽을 대상을 고려한 문체, 목적에 맞는 장르를 선택하는 능력, 그리고 목표에 따라 계획을 수립하고 수행하는 수행 능력이 포함된다. 따라서 과제 수행과 관련된 설문을 통해 글쓰기 수행 능력을 진단할 수 있다.

(1) 설정한 목표에 맞게 글을 쓸 수 있다.

전혀 그렇지 않다( 1 )   그렇지 않다( 2 )   보통이다( 3 )   그렇다( 4 )   매우 그렇다( 5 )

(2) 짧은 글이나 쓰기 과제를 정해진 시간 내에 완성할 수 있다.

전혀 그렇지 않다( 1 )   그렇지 않다( 2 )   보통이다( 3 )   그렇다( 4 )   매우 그렇다( 5 )

(3) 리포트를 쓸 때 누가 독자인지를 고려하여 글을 쓸 수 있다.

전혀 그렇지 않다( 1 )   그렇지 않다( 2 )   보통이다( 3 )   그렇다( 4 )   매우 그렇다( 5 )

(4) 글을 쓸 때 요구되는 분량에 맞추어 글을 완성할 수 있다.

전혀 그렇지 않다( 1 )   그렇지 않다( 2 )   보통이다( 3 )   그렇다( 4 )   매우 그렇다( 5 )

(5) 대학생활에 필요한 글의 형식을 알고 적절하게 글을 쓸 수 있다.

전혀 그렇지 않다( 1 )   그렇지 않다( 2 )   보통이다( 3 )   그렇다( 4 )   매우 그렇다( 5 )

(6) 학점과 관련되는 글쓰기 과제를 부여받았을 때 전공 영역에서 요구되는 형식과 조건에 맞추어 글을 쓸 수 있다.

전혀 그렇지 않다( 1 )   그렇지 않다( 2 )   보통이다( 3 )   그렇다( 4 )   매우 그렇다( 5 )

## 4. 글쓰기 민감도

글쓰기 민감도 평가는 글쓰기 수행과 관련된 정서적 영역의 진단이다. 글쓰기 과제를 부여받았을 때 느끼는 감정적 부담감의 정도를 파악하여 글쓰기 수행에 미치는 영향과 정서적 여과를 진단할 수 있다. 글쓰기에 대한 감정적 영역의 진단은 응답자가 향후 글쓰기 수행에 대해 감정적으로 느끼는 긍정적이거나 부정적인 반응의 의미를 이해하고 이를 조절하여 글쓰기 과제 수행을 효율적으로 진행할 수 있도록 돕는다.

(1) 나는 평소에 글을 통해 내 생각을 표현하는 것이 즐겁고 재미있다.

전혀 그렇지 않다( 1 )  그렇지 않다( 2 )  보통이다( 3 )  그렇다( 4 )  매우 그렇다( 5 )

(2) 나는 어려운 글쓰기 과제를 부여받았을 때 그것을 완성하기 위해 노력하는 것이 즐겁다.

전혀 그렇지 않다( 1 )  그렇지 않다( 2 )  보통이다( 3 )  그렇다( 4 )  매우 그렇다( 5 )

(3) 다른 사람들만큼 시간과 노력을 투자하면 나도 좋은 글을 쓸 수 있다고 생각한다.

전혀 그렇지 않다( 1 )  그렇지 않다( 2 )  보통이다( 3 )  그렇다( 4 )  매우 그렇다( 5 )

(4) 나는 글을 쓸 때 큰 스트레스나 불편함을 느끼지 않고 글을 쓸 수 있다.

전혀 그렇지 않다( 1 )  그렇지 않다( 2 )  보통이다( 3 )  그렇다( 4 )  매우 그렇다( 5 )

(5) 글을 쓰려고 하면 무엇부터 시작해야 할지 잘 모르겠다.

전혀 그렇지 않다( 5 )  그렇지 않다( 4 )  보통이다( 3 )  그렇다( 2 )  매우 그렇다( 1 )

(6) 나의 글쓰기 실력이 다른 사람들에게 알려질까봐 두렵다.

전혀 그렇지 않다( 5 )  그렇지 않다( 4 )  보통이다( 3 )  그렇다( 2 )  매우 그렇다( 1 )

## 5. 학습 집단에 대한 신뢰도

글쓰기 진단 평가에서 학습 집단에 대한 신뢰도와 관련된 설문은 타인의 과제 수행 결과가 자신에게 미치는 영향의 정도를 파악하기 위한 도구이다. 신뢰도 영역은 동일 학습 집단의 학습능력을 인지하고 이를 기준으로 자신의 학습 결과를 긍정적이거나 부정적으로 유추하는 경향이 있다. 학습 집단에 대한 신뢰도가 높을수록 집단 학습과 동료 평가를 통해 얻는 학습효과 또한 높으며 글쓰기 학습 과정에서 일어나는 상호작용에 대해 감정적 여과가 낮고 자신이 작성한 글의 비평에 대한 반응이 긍정적이며 수용 정도가 높게 나타난다.

(1) 함께 수업을 듣는 동료가 글을 잘 쓴다고 평가를 받으면 나도 충분히 그럴 수 있다고 생각한다.

전혀 그렇지 않다( 1 )　그렇지 않다( 2 )　보통이다( 3 )　그렇다( 4 )　매우 그렇다( 5 )

(2) 함께 수업을 듣는 동료의 글쓰기 실력이 향상되면 나의 실력도 향상될 수 있다고 생각한다.

전혀 그렇지 않다( 1 )　그렇지 않다( 2 )　보통이다( 3 )　그렇다( 4 )　매우 그렇다( 5 )

(3) 나는 내 글에 대한 동료들의 조언을 잘 받아들일 수 있다.

전혀 그렇지 않다( 1 )　그렇지 않다( 2 )　보통이다( 3 )　그렇다( 4 )　매우 그렇다( 5 )

(4) 함께 수업을 듣는 동료들에게 글을 잘 쓴다는 칭찬을 들은 적이 있다.

전혀 그렇지 않다( 1 )　그렇지 않다( 2 )　보통이다( 3 )　그렇다( 4 )　매우 그렇다( 5 )

(5) 나는 동료들에게 글을 잘 쓰는 사람으로 인정받는다.

전혀 그렇지 않다( 1 )　그렇지 않다( 2 )　보통이다( 3 )　그렇다( 4 )　매우 그렇다( 5 )

(6) 동료들에게 글쓰기 관련 경진대회에 응모해 보라고 권유받은 적이 있다.

전혀 그렇지 않다( 1 )　그렇지 않다( 2 )　보통이다( 3 )　그렇다( 4 )　매우 그렇다( 5 )

## 6. 학습 과정에 대한 신뢰도

글쓰기 진단 평가의 학습 과정에 대한 신뢰도는 학습자가 글쓰기 수업을 어느 정도 신뢰하고 있는지를 진단한다. 대체로 학습자가 학습 과정에서 얻을 수 있는 쓰기 지식이 자신에게 많은 도움이 된다고 느낄수록 학습효과가 높으며, 글쓰기 수행과정에서 이를 적용하고자 하는 적극성이 발현된다. 또 학습 과정을 진행하는 교수자의 피드백에 대한 신뢰가 높으면 자신이 쓴 글을 수정하도록 요구받거나 평가 결과가 기대한 것과 다르더라도 감정적 여과가 낮아 수용의 정도가 높은 것으로 나타난다.

(1) 내가 쓴 글에 대해 교수자나 동료들에게 조언을 받는 것이 두렵다.

전혀 그렇지 않다( 1 )  그렇지 않다( 2 )  보통이다( 3 )  그렇다( 4 )  매우 그렇다( 5 )

(2) 글을 잘 쓰는 방법을 가르치는 수업을 듣고 싶다.

전혀 그렇지 않다( 1 )  그렇지 않다( 2 )  보통이다( 3 )  그렇다( 4 )  매우 그렇다( 5 )

(3) 구두나 서면으로 교수자에게 조언을 받으면 더 좋은 글을 쓸 수 있는 방법을 배울 수 있다고 생각한다.

전혀 그렇지 않다( 1 )  그렇지 않다( 2 )  보통이다( 3 )  그렇다( 4 )  매우 그렇다( 5 )

(4) 수업시간에 배운 글쓰기 전략과 방법을 잘 활용하여 글을 쓰면 나도 글을 잘 쓸 수 있다고 생각한다.

전혀 그렇지 않다( 1 )  그렇지 않다( 2 )  보통이다( 3 )  그렇다( 4 )  매우 그렇다( 5 )

(5) 교수자에게 글쓰기 과제를 잘했다는 평을 종종 듣는다.

전혀 그렇지 않다( 1 )  그렇지 않다( 2 )  보통이다( 3 )  그렇다( 4 )  매우 그렇다( 5 )

(6) 교수자 혹은 전문가로부터 글쓰기와 관련된 직업을 권유받은 적이 있다.

전혀 그렇지 않다( 1 )  그렇지 않다( 2 )  보통이다( 3 )  그렇다( 4 )  매우 그렇다( 5 )

## 7. 진단 평가 결과

글쓰기 효능감 진단 설문을 끝냈다면 그 결과를 아래의 표에 대입하여 글쓰기에 대한 수행 능력과 정서적 반응 정도를 스스로 평가해 볼 수 있다.

| 평가 범위 / 진단 영역 | 매우 높음 (36~31)점 | 높음 (30~24)점 | 보통 (23~18)점 | 낮음 (17~12)점 | 매우 낮음 (11~6)점 |
|---|---|---|---|---|---|
| 1. 오류 수정 능력 | | | | | |
| 2. 쓰기 지식 사용 능력 | | | | | |
| 3. 과제 수행 능력 | | | | | |
| 4. 글쓰기 민감도 | | | | | |
| 5. 학습 집단에 대한 신뢰도 | | | | | |
| 6. 학습과정에 대한 신뢰도 | | | | | |

## 1장 대학 글쓰기의 의미

> 읽고 생각하기                          p. 18

1. ④
2. ④


## 2장 글쓰기와 문어체

> 읽고 생각하기                          p. 35

1. ①
2. ③


> 연습하기 1                          p. 38

1) 한국의 전통문화가 궁금하다면 문화탐방프로그램에 참여해 보는 것도 고려해볼 만하다.
2) 내가 학교를 그만둔 이유는 전공이 나의 적성에 맞지 않는다고 생각했기 때문이다.
3) 한국 사람들과 친하게 지내기 위해서는 어떻게 해야 하는가.
4) 한국에서 길을 모르거나 길을 잃어버렸을 때는 옆에 지나가는 한국 사람에게 물어보면 친절하게 가르쳐 줄 것이다.
5) 우리나라에도 한국의 '사이좋은 형제'와 비슷한 옛날이야기가 있다. 한국과 베트남이 모두 아시아 국가라는 공통점이 있기 때문에 문화에 유사한 점이 있는 것으로 생각된다.
6) 동생이 어제 한국에 왔지만, 공항에서 휴대폰을 잃어버렸기 때문에 전화를 하지 못했다. 그래서 동생을 데리러 가지 못했다.

> 연습하기 2                          p. 41

1.
1) 어려운 반면
2) 힘쓰는 동시에
3) 갔으나
4) 및
5) 겪어왔음에도 불구하고

2.
1) 그렇기 때문에
2) 특히
3) 결국

1) 좋은 논문을 쓰는 방법을 배우고 싶다면 다른 사람의 논문을 많이 읽어 보는 것이 좋다.
2) 심각한 환경 문제를 해결하기 위해서는 전 세계인이 모두 일회용품을 줄이려는 노력이 필요하다.
3) 청년들의 독서량 감소는 동영상에 지나치게 노출되어 긴 글에 익숙하지 않은 아동기 환경에서 비롯되었다고 할 수 있다.
4) 기술의 발달로 최첨단 인공지능 로봇이 개발되면 사람이 하는 일을 기계가 대신하게 되어 많은 사람이 실직할 것이 틀림없다.
5) 이탈리아와 한국은 삼면이 바다로 둘러싸인 반도형 지형이라는 점에서 유사하다.
6) 매해 건강검진을 하는 것은 병을 빨리 발견하고 치료하는 장점이 있을 뿐만 아니라 병을 예방하는 데에도 도움이 된다.

1.
　　매년 음력 1월 1일은 춘절이다. 중국에서는 춘절을 새해를 알리는 시작으로 인정하고 있다. 한국에서 추석과 설날을 제일 큰 명절로 생각하고 유럽의 국가에서 크리스마스를 제일 성대하게 하는 것처럼 중국에서 춘절은 제일 큰 명절이다.
　　춘절은 중국의 명절 가운데서도 가장 중요하기 때문에 옛날부터 내려온 풍습이 많다. 먼저 설날 아침에 만두 만들어 먹기도 즐거운 풍습이다. 그리고 떡을 만들어서 가족이나 이웃과 나누어 먹는 것도 조상으로부터 전해져 오는 풍습이다. 한편 예전부터 중국 사람들은 폭죽을 터뜨린다. 가족과 모여서 대문 앞에서 폭죽을 터뜨리기도 하고 도심 한복판에서 젊은 사람들끼리 모여서 폭죽을 터뜨리며 즐겁게 놀기도 한다. 특히 폭죽 터뜨리기는 한해의 나쁜 일을 물리치고 새해의 길조를 기원하는 풍습이기 때문에 12월의 마지막 날에 해야 한다.

2.
　　우리는 오늘 조지프 스티글리츠 교수의 저서『불평등의 대가』에서 제시된 미국 사회의 불평등 사례와 원인을 살펴보는 동시에 우리나라에서도 일어나고 있는 이와 유사한 상황을 찾아보고자 한다. 나아가 저자가 대안으로 제시한 방법을 우리나라에 어떻게 적용할 수 있을지에 대해서 알아볼 것이다.

저자는 불평등한 사회가 얼마나 오랜 정치적 음모와 경제적 책략으로 굳어져 왔는지에 대해 이야기한다. 나아가 이러한 불평등이 지금도 진행되고 있다고 한다. 그리고 소수의 상위 계층이 나머지 다수의 사회구성원을 심각한 경제적 궁핍으로 내몰고 있는 상황을 보여준다.

저자는 이 책의 후반부에서 '희망의 불꽃은 위태롭게 흔들리고 있다'라고 한다. 이는 한국의 경우도 마찬가지이다. 완전히 평등한 사회는 존재할 수 없다. 그러나 상위 계층의 정치적˙경제적 독점으로 인해 하위 계층이 대가를 치르지 않도록 막을 수는 있다. 자유와 평등의 조화를 정착시키려는 의지를 키우고 작가가 언급한 대안을 통해 불평등을 완화하려는 노력이 있다면 가능하기 때문이다.

### 3장 요약하기

읽고 생각하기      p. 68

1. ②
2. ①

연습하기 1      p. 71

1.
2) 한국의 아이돌 그룹은 팬들에게 다양한 콘텐츠를 제공함으로써 끊임없이 팬들의 흥미를 자극한다.
3) 한국의 아이돌 그룹은 팬들에게 음악, 뮤직비디오, 공연, 예능 프로그램 등 다양한 콘텐츠를 제공함으로써 끊임없이 팬들의 흥미를 자극한다.

2.
2) 한국의 대중문화 상품이 외국에서도 인기를 끌고 있는 현상인 한류는 2000년대 중반부터 뚜렷하게 나타나기 시작했다.
3) 한국의 대중문화 상품이 외국에서도 인기를 끌고 있는 현상인 한류는 2002년 한국 드라마가 이목을 끌기 시작한 뒤 2000년대 중반부터 인터넷과 관련 플랫폼의 발달에 힘입어 더욱 급속히 확산되었다.

연습하기 2      p. 75

1.
1) 보충 내용

2) 영화와 속편

3) 핵심 내용

4) ☆ 한류 지속을 위해 필요한 것

2. 한국의 대중문화 콘텐츠 생산자들은 한국 대중문화 콘텐츠에 호감을 가지고 지켜보는 대중에게 지속적으로 신선한 자극을 줄 수 있는 새로운 작품들을 만들기 위해 노력해야 한다.

3.

1) 핵심 내용

2) ☆ 로맨스 드라마의 변화

3) 보충 내용

4) 로맨스 드라마 변화의 예

4. 2010년대 이후 한국의 로맨스 드라마는 이전의 삼각관계 중심, 수직적 관계 중심의 이야기에서 벗어나 두 쌍의 연인 관계, 수평적 관계의 인물을 설정하는 방식으로 변화하고 있다.

연습하기 3        p. 78

1.

> 최근 '감각적 소비'를 추구하는 소비자가 늘어나면서 LP가 다시 주목받는 상품으로 떠오르고 있다. 감각적 소비란 특별한 경험과 분위기를 즐기는 것을 목적으로 상품을 구매하는 것을 말한다. 이렇게 실용성보다 심리적 만족을 중시하는 감각적 소비는 시장을 변화시킨다. 음반 시장에서 흔히 LP라고 불리는 바이닐 레코드의 판매량이 꾸준히 증가하고 있는 것 역시 이러한 감각적 소비의 증가와 관련이 있다.
>
> 1960~70년대에 대중적으로 사용되던 음원 저장매체인 LP는 1980년대 전후로 등장한 카세트테이프와 CD에 밀려나기 시작했다. 새로운 저장매체들이 LP에 비해 더 안정적이고 편리했기 때문이다. 이후 2000년대부터는 디지털 음원을 주로 사용하게 되고 음원 스트리밍 사이트들이 자리를 잡으면서 단순히 음악을 듣기 위해서 LP, 카세트테이프, CD 등의 실물 음반을 구매하는 사람들은 더욱 줄어들었다.
>
> 일반적으로 실물 음반은 디지털 음원보다 비싸고 별도의 음반 재생 장치가 필요하다. 또한 음반은 훼손의 위험성이 높다. LP는 이러한 단점이 더욱 두드러지게 나타난다. LP는 제작 과정이 더 복잡하고 제조사가 많지 않기 때문에 다른 음반 형태에 비해 더 비싼 편이다. 또한 LP 재생에 필요한 턴테이블과 스피커의 부피가 큰 편이고 휴대할 수 있는 크기의 재생 장치도 없다. 게다가 LP는 판이 긁히거나 휘는 문제가 쉽게 발생하기

때문에 보관과 관리에 더욱 주의를 기울여야 한다.

그러나 이러한 단점에도 불구하고 LP의 판매량은 오히려 증가하고 있다. CD의 판매량은 점점 줄어들고 있는 반면에 LP의 판매량은 늘어나고 있는 것은 그만큼 LP 구매가 특별한 의미를 지닌다는 점을 보여준다. 비실용적인 LP가 감각적 소비의 대상이 되면서 구매자가 늘어난 것이다. 소비자들이 LP를 구매하는 이유는 LP를 통해 특별한 방식으로 음악을 듣는 경험을 할 수 있기 때문이다. 예전에 LP를 사용했던 추억을 되살리고자 하는 소비자분만 아니라 아날로그적인 분위기를 느껴 보고자 하는 젊은 소비자들에게도 LP는 매력적인 상품으로 인식된다. 더불어 음반 회사가 LP에 부여하는 희소성이 구매자들에게 만족감을 준다. 특히 '기념 음반', '한정판' 등의 단어는 팬과 수집가의 소장 욕구를 불러일으킨다.

이렇게 LP 판매가 늘어나면서 한국의 LP 시장이 되살아나기 시작했다. 2004년 7월, 당시 한국의 마지막 LP 공장이었던 '서라벌 레코드'가 문을 닫았다는 기사가 났다. 하지만 13년이 지난 2017년 이 마지막 LP 공장이 다시 문을 열었다. 이는 다른 형태의 음반이나 디지털 음원에 밀려 시장에서 점차 사라지고 있었던 LP가 감각적 소비를 통해 특별한 경험과 만족을 얻고자 하는 소비자들 덕분에 다시 음반 시장에서 부활할 수 있었음을 잘 보여준다.

2.

1) 최근 심리적 만족을 중시하는 '감각적 소비'를 추구하는 소비자가 늘어나면서 LP가 다시 주목받는 상품으로 떠오르고 있다.

2) 1960~70년대에 대중적으로 사용되던 음원 저장매체인 LP는 1980년대 전후로 등장한 카세트테이프와 CD에 밀려나기 시작했다

3) 일반적으로 LP, 카세트테이프, CD와 같은 실물 음반은 디지털 음원보다 비싸고 별도의 음반 재생 장치가 필요하다. 또한 음반은 훼손의 위험성이 높다. 그중에서도 LP는 이러한 단점이 더욱 두드러지게 나타난다.

4) 그러나 이러한 단점에도 불구하고 LP의 판매량은 오히려 증가하고 있다.

5) 다른 형태의 음반이나 디지털 음원에 밀려 시장에서 점차 사라지고 있었던 LP가 감각적 소비를 통해 특별한 경험과 만족을 얻고자 하는 소비자들 덕분에 다시 음반 시장에서 부활할 수 있었다.

3. 최근 심리적 만족을 중시하는 '감각적 소비'를 추구하는 소비자가 늘어나면서 LP가 다시 주목받는 상품으로 떠오르고 있다. 1960~70년대에 대중적으로 사용되던 음원 저장매체인 LP는 1980년대 전후로 등장한 카세트테이프와 CD에 밀려나기 시작했다. 일반적으로 LP, 카세트테이프, CD와 같은 실물 음반은 디지털 음원보다 비싸고 별도의 음반 재생 장치가 필요하다.

또한 음반은 훼손의 위험성이 높다. 그중에서도 LP는 이러한 단점이 더욱 두드러지게 나타난다. 그러나 이러한 단점에도 불구하고 LP의 판매량은 오히려 증가하고 있다. 감각적 소비를 통해 특별한 경험과 만족을 얻고자 하는 소비자들 덕분에 LP가 다시 음반 시장에서 부활한 것이다.

| 글쓰기 | p. 81 |
|---|---|

1.

> 2021년 세계적으로 인기를 끌었던 한국의 드라마 〈오징어 게임〉은 넷플릭스를 통해 대중들에게 공개되었다. 당시 〈오징어 게임〉은 넷플릭스가 서비스되는 190여 개의 국가에서 시청률 1위를 달성했다. 이는 해외에서도 한국 드라마에 대한 관심이 높다는 것을 분명하게 보여준다. 그런데 만약 넷플릭스가 없었다면 이러한 큰 성공이 가능했을까? 넷플릭스와 같은 글로벌 OTT는 한국의 콘텐츠 산업에 어떻게 긍정적인 영향을 미치고 있을까?
>
> 먼저 높은 접근성을 가진 넷플릭스와 같은 플랫폼 덕분에 한국 콘텐츠들 또한 해외 시장에 진출할 수 있는 기회를 더 많이 얻을 수 있게 되었다. 이러한 OTT 서비스 플랫폼은 점점 늘어나고 있다. OTT는 Over-The-Top의 머리글자를 딴 줄임말로 Over-The는 기존의 것을 넘어선다는 의미이고 'Top'은 TV와 연결되는 셋톱박스(set-top box)를 말한다. 즉, OTT는 TV로 다양한 채널을 볼 수 있게 해주는 서비스를 넘어서 인터넷을 통해 시간과 장소에 상관없이 다양한 미디어 콘텐츠를 즐길 수 있게 해주고 있다. 덕분에 외국의 시청자들도 원하기만 한다면 OTT를 통해 제공되는 한국의 영화나 방송 프로그램을 볼 수 있는 것이다.
>
> 두 번째로 글로벌 OTT 기업들이 한국의 미디어 콘텐츠 제작에 직접 투자를 시작하면서 이전보다 많은 제작비를 사용하는 콘텐츠들이 만들어지게 되었다. 2016년 한국에 진출한 넷플릭스를 시작으로 2021년에는 디즈니 플러스와 애플 TV+도 한국에서 서비스를 개시했다. 이러한 기업들은 한국 시장에서 자리를 잡기 위해 한국의 콘텐츠를 수입하고, 더 나아가 한국 콘텐츠 제작에 직접 투자하여 새로운 콘텐츠 제작을 돕기도 한다. 특히 넷플릭스에서 큰 제작비를 투자하여 2019년에 공개한 〈킹덤〉의 성공 이후 이러한 한국 콘텐츠에 대한 지원이 더 활성화되었다. 한국 콘텐츠 제작자들의 입장에서는 더 많은 제작비 덕분에 더욱 질 좋은 작품을 만들 수 있는 기회를 잡게 된 것이다.
>
> 물론 글로벌 OTT 서비스가 활성화되기 전에도 한국 드라마는 해외로 수출되고 있었다. 그러나 글로벌 OTT 서비스는 한국 콘텐츠에 대한 접근성을 크게 높여 주었다. 그리고 더 좋은 작품을 만들 수 있도록 지원하는 글로벌 OTT 서비스 기업들 덕분에

한국의 콘텐츠의 완성도 역시 더 높아지게 되었다. 그러므로 글로벌 OTT가 한국의 콘텐츠 제작자들에게 좋은 작품으로 국제 시장에 진출할 수 있는 기회를 주고 있다는 것은 분명하다

2. 넷플릭스와 같은 글로벌 OTT가 한국의 콘텐츠 산업에 긍정적인 영향을 미치고 있다. 첫째, OTT는 인터넷을 통해 시간과 장소에 상관없이 다양한 미디어 콘텐츠를 즐길 수 있게 해주고 있다. 덕분에 외국의 시청자들도 원하기만 한다면 언제든지 한국의 영화나 방송 프로그램을 볼 수 있다. 둘째, OTT 기업들이 한국의 미디어 콘텐츠 제작에 직접 투자를 시작하면서 이전보다 많은 제작비를 사용하는 콘텐츠들이 만들어지게 되었다. 한국 콘텐츠 제작자들의 입장에서는 더 많은 제작비 덕분에 더욱 질 좋은 작품을 만들 수 있는 기회를 잡게 된 것이다. 이와 같이 글로벌 OTT는 한국의 콘텐츠 제작자들에게 좋은 작품으로 국제 시장에 진출할 수 있는 기회를 주고 있다.

## 4장 개요 쓰기

읽고 생각하기　　　　　　p. 93

1. ②
2. ②

연습하기 1　　　　　　p. 98

3.
1) 외국에서 유학 생활을 할 때 가장 중요한 것은 현지의 친구를 만드는 것이다.
2) 유학 생활에서 현지 친구의 중요성
　유학 생활을 즐겁게 하는 방법 – 현지 친구 사귀기

## 5장 문단 쓰기

읽고 생각하기　　　　　　p. 116

1. ③

2. 서울·경기도        양념이 적게 사용되어 음식 맛이 담백한 편이다.

   강원도        양념이 풍부하게 사용되어 음식 맛이 강하고 간이 센 편이다.

   충청도        양념이 풍부하게 사용되지 않지만 음식 맛이 맵고 간이 센 편이다.

   전라도        음식 맛이 소박하고 구수한 편이다.

   경상도        음식 맛이 짜지도 맵지도 않으며 자연의 맛에 가까운 편이다.

   제주도        조선시대에 수도였으므로 궁중과 양반의 음식문화가 발달하였다.

---

**연습하기 1**             p. 119

② 한반도에는~발달하였다. / 해방 이후~증가시켰다. / 2000년대 이후에는~바뀌어 가고 있다.

---

**연습하기 2**             p. 122

1. 인간의 식생활은 '조리'와 '더불어 먹기'를 한다는 점에서 동물의 식생활과 크게 구별된다.

2. 자기 문화를 기준으로 삼아 다른 문화를 이해하고 판단하는 시각을 '자문화 중심주의'라고 한다.

3. 한국에서 외식은 예전에도 있었지만 매우 드물고 특별한 일이었다. / 외식을 할 기회는 거의 없었고 이는 아주 특별했다고 할 수 있다.

---

**연습하기 3**             p.125

1.

② 이를 위해서 식품업계에서는 자체적으로 수출 품목을 선정하고 다양화는 데에 신경을 써야 할 것이다. 특히, 한국과 식생활 패턴이 비슷한 국가의 식생활 습관이나 식품의 소비 추세를 세밀히 분석해서 대응할 필요가 있다.

③ 요리사가 직접 조리해서 제공하는 음식이야말로 현지인들에게 한국 식품을 잘 알리는 가장 친근하고 편리한 수단이다. 한식당을 통해 소비자에게 한 발 더 다가간다면 김치와 같은 음식이 그들의 일상 식사에 스며들게 할 수 있을 것이다.

④ 한국 식품은 장류(간장, 고추장, 된장), 김치류, 젓갈류, 식초류와 같은 발효식품을 기본으로 한다. 발표식품은 성인병 예방은 물론 각종 질환에 뛰어난 효능을 보이는 것으로 밝혀졌다. 그러니만큼 한국 과학계에서는 이러한 연구 성과를 국제학술지에 게재함으로써 해외까지 널리 알리면 좋을 것이다.

## 6장 설명하는 글

읽고 생각하기                    p. 140

1. ②
2. ③

연습하기 1                    p. 143

1.
1) 관형사는 명사의 내용을 자세히 꾸며주는 품사이다.
   관형사란 명사의 내용을 자세히 꾸며주는 품사를 의미한다(말한다, 뜻한다).
2) 방언은 지역이나 계층에 따라 다른 각각의 언어 체계이다.
   방언이란 지역이나 계층에 따라 다른 각각의 언어 체계를 뜻한다(말한다, 의미한다).


2.
1) 한국어 듣기를 잘하기 위한 방법은 첫째, 한국인과 대화하는 것이다. 둘째, 한국 드라마를 보
   는 것이다. 셋째, 한국 노래를 듣는 것이다.
   한국어 듣기를 잘하기 위한 방법은 먼저 한국인과 대화하기, 다음으로 한국 드라마 보기, 끝으
   로 한국 노래 듣기가 있다.

연습하기 2                    p. 146

1) 봄꽃은 봄에 피는 꽃을 말한다. 봄꽃의 예로 개나리, 진달래, 민들레를 들 수 있다.
   봄꽃은 봄에 피는 꽃이다. 개나리, 진달래, 민들레를 봄꽃의 예로 들 수 있다.
2) 방언에 따라 한국어의 단어는 차이가 있다. 예를 들어, 김치는 중부 방언에서는 김치라고 부르
   지만, 동남 방언에서는 짐치라고 부른다.
   방언에 따라 한국어의 단어는 차이가 있다. 그 예로, 김치는 중부 방언에서는 김치라고 하지
   만, 동남 방언에서는 짐치라고 한다.

연습하기 3                    p. 150

1) 한국어의 방언에는 중부 방언, 동남 방언, 서남 방언, 제주 방언이 있다.
   한국어의 방언은 크게 중부 방언, 동남 방언, 서남 방언, 제주 방언으로 구분할 수 있다.
   한국어의 방언으로는 중부 방언과 동남 방언, 서남 방언, 제주 방언을 들 수 있다.
2) 한국어의 모음에는 원순 모음과 비원순 모음이 있다.
   한국어의 모음은 크게 원순 모음과 비원순 모음으로 분류할 수 있다.

## 7장 분석하는 글

읽고 생각하기                    p. 171

1. ①
2. ②

연습하기 1                    p. 174

1.
1) 최정은 한국대 교수에 의하면 환경오염 문제를 해결하기 위해서는 친환경 에너지의 생산을 위한 연구가 가장 시급하다고 한다.
2) 한국신문에 따르면 메일함에서 불필요한 이메일을 1GB만 지워도 연간 이산화탄소 15KG을 줄일 수 있다.
3) 자연보호협회에서 10대 청소년 500명을 대상으로 환경오염의 심각성에 대한 조사를 실시한 결과 환경오염이 심각한 수준이라고 답한 응답자가 487명, 환경오염이 심각하지 않다고 답한 응답자가 13명으로 나타났다.
4) 환경부가 성인 남녀 3,000명을 대상으로 친환경 생활에 대한 조사를 실시한 결과 친환경 생활이 반드시 필요하다는 응답이 75.4%, 해도 되고 안 해도 된다는 응답이 24.6%으로 나타났다.

2.
1) 위의 그래프를 통해, 대기오염을
2) 위의 조사 결과를 통해, 경기도이며 그 다음으로 많은 양의 생활폐기물을 배출하는 지역은 서울임을 알 수 있다.

연습하기 2                    p. 179

1. 위의 그래프를 통해, 대폭 감소한 것을 확인할 수 있다. 2005년과 2020년의 빙하 유실량 차이가 매우 크다는 점은
2. 환경부에 따르면 생활계 폐기물은 2015년부터 2020년까지 지속적으로 증가한 것으로 나타났다, 2020년에는 일당 생활계 폐기물이 61,579톤으로 늘어났다.
3. 환경부의 조사 결과에 따르면 코로나 19 이후 재활용 폐기물의 발생량이 전체적으로 증가한 것으로 나타났다. 특히 2020년의 종이류 폐기물 발생량은 2019년에 비해 29.3% 늘어났으며 플라스틱 발생량도 약 15% 증가했다. 비닐류와 발포수지류의 증감율은 각각 11.1%, 12.0%로 비슷하게 나타났다.

연습하기 3　　　　　　　　　　p. 183

1. 환경부의 조사 결과에 따르면 하루에 발생하는 생활폐기물량이 가장 많은 지역은 경기와 서울로 나타났다. 인구밀도는 생활폐기물 발생량과 밀접한 관련이 있다. 서울과 경기는 인구가 밀집된 지역이기 때문에 생활폐기물도 많이 발생할 수밖에 없는 것이다. 또한 인구밀도가 높은 도시인 부산, 대구 역시 일당 2,000톤 이상의 생활폐기물을 배출하고 있다.

2. 위의 해수면 온도 그래프를 통해 1920년대 이후 지구의 해수면 온도가 지속적으로 높아지고 있음을 알 수 있다. 이러한 지구온난화에 의해 세계 각국에서는 이상 기후가 나타나고 있다. 2023년 미국 캘리포니아에서 발생한 겨울 폭풍, 한국의 극심한 가뭄과 같은 기상 이변 현상은 지구온난화와 밀접한 연관이 있다.

3. 한국에서는 2015년부터 온실가스 감축체제인 배출권거래제를 실행했다. 정부는 이로 인해 온실가스 배출량이 줄어들 것으로 기대했으나 2015년부터 2018년까지 온실가스 배출량은 꾸준히 증가하는 추세를 보였다. 2019년에는 2018년에 비해 소폭 감소했지만 2017년보다는 많은 배출량을 기록했다. 배출권거래제가 온실가스 감축에 큰 영향을 미치지 못하고 있다는 것이다.

## 8장 주장하는 글

읽고 생각하기　　　　　　　　　p. 208

1. ①
2. ②

연습하기 1　　　　　　　　　　p. 211

1. 악플 때문에 많은 사람들이 마음에 상처를 입고 괴로워한다는 문제가 있다.
　　악플 때문에 많은 사람들이 마음에 상처를 입고 괴로워한다는 문제가 나타난다.
　　악플 때문에 많은 사람들이 마음에 상처를 입고 괴로워한다는 문제점이 있다.
　　악플 때문에 많은 사람들이 마음에 상처를 입고 괴로워한다는 문제점이 나타난다.

2. 성인들은 사이버 폭력 예방교육을 이수해야 한다.
　　성인들은 사이버 폭력 예방교육의 이수가 필요하다.
　　성인들은 사이버 폭력 예방교육을 이수할 필요가 있다.

1. 교육부 자료에 의하면 선플달기 운동에 참여하기 전 2012년 2월에 울산지역 학생의 언어
   폭력 피해율은 40.7%에 달했지만, 이 운동에 학생들이 참여한 후 같은 해 10월에는 5.6%,
   2013년 4월에는 2.0%로 그 비율이 급격히 줄어든 것으로 나타났다.
   교육부 자료에 따르면 선플달기 운동에 참여하기 전 2012년 2월에 울산지역 학생의 언어
   폭력 피해율은 40.7%에 달했지만, 이 운동에 학생들이 참여한 후 같은 해 10월에는 5.6%,
   2013년 4월에는 2.0%로 그 비율이 급격히 줄어든 것으로 나타났다.
2. ○○○ 교수는 악플 문제에 대한 근본적인 해결 방안이 온라인 사용자들의 악플 인식 변화를
   위한 사이버 폭력 예방교육의 의무화라고 주장한다.
   ○○○ 교수는 온라인 사용자들의 악플 인식 변화를 위해 사이버 폭력 예방교육을 의무화하
   는 것이 악플 문제에 대한 근본적인 해결 방안이라고 주장한다.

1. 만약 혐오와 차별을 없애기 위한 방안을 마련하지 않으면 사회갈등이 심화되고, 범죄로 이어
   지고, 소수자 표현자유가 위축되고, 차별현상이 굳어질 것이다.
   만약 혐오와 차별을 없애기 위한 방안을 마련하지 않는다면 사회갈등이 심화되고, 범죄로 이
   어지고, 소수자 표현자유가 위축되고, 차별현상이 굳어질 것이다.
2. 앞서 제시한 바와 같이 혐오표현을 발생시키는 요인을 개선해 나간다면 혐오표현 문제를 해결
   할 수 있을 것이다.
   위에서(앞에서) 살펴본 바와 같이 혐오표현을 발생시키는 요인을 개선해 나간다면 혐오표현
   문제를 해결할 수 있을 것이다.